el camino
DE LA FE

VOLUMEN I

FRANK Y NOLA
WARREN

CASA
CREACIÓN

La mayoría de los productos de Casa Creación están disponibles a un precio con descuento en cantidades de mayoreo para promociones de ventas, ofertas especiales, levantar fondos y atender necesidades educativas. Para más información, escriba a Casa Creación, 600 Rinehart Road, Lake Mary, Florida, 32746; o llame al teléfono (407) 333-7117 en Estados Unidos.

El camino de la fe, Volumen I por Frank y Nola Warren
Publicado por Casa Creación
Una compañía de Charisma Media
600 Rinehart Road
Lake Mary, Florida 32746
www.casacreacion.com

Edición por Nola J. Theo
Director de Diseño: Bill Johnson
Diseño de portada por: Justin Evans

Library of Congress Control Number: 2013957578
ISBN: 978-1-62136-819-9
E-Book ISBN: 978-1-62136-821-2

Nota de la editorial: Aunque los autores hicieron todo lo posible por proveer teléfonos y páginas de internet correctas al momento de la publicación de este libro, ni la editorial ni los autores se responsabilizan por errores o cambios que puedan surgir luego de haberse publicado.

Impreso en los Estados Unidos de América
14 15 16 17 * 6 5 4 3 2 1

DEDICATORIA

Dedicado a todos nuestros alumnos de los dos lados de la frontera, quienes ahora están predicando el evangelio en todo el mundo. Gracias por ser parte de la visión. Ustedes enriquecieron nuestras vidas.

—Francisco y Nola Warren

A la memoria de Francisco Warren
(1932-2006)

AGRADECIMIENTOS

MUCHAS GRACIAS A las personas que ayudaron hacer esta obra posible, especialmente a las personas que transcribieron las grabaciones de Francisco Warren a manuscrito, y editaron toda la obra para poder tener las clases en esta forma.

Un agradecimiento especial a Blanca Aguilera, Gloria Quiñones y Nolita Warren de Theo.

Gracias a mi asistente, Adriana Zavala, quien me ayudó con muchos detalles para poder tener tiempo de trabajar con este libro.

CONTENIDO

PRÓLOGO

HE TENIDO LA experiencia de conocer a muchas personas hambrientas por conocer y estudiar la Palabra de Dios, pero pocas como Francisco Warren. Cuando él llegó a mi vida, yo solo tenía 5 años de edad. Se casó con mi mamá, varios años después que hubo muerto mi padre biológico, dejando viuda a mi madre, a mis escasos dos años de vida. El impacto que tuvo este caballero en mi vida es incalculable. Sin embargo, puedo decir, a ciencia cierta, que uno de los resultados más importantes de haber sido mi papá por 39 años, es el amor y la pasión que me inculcó por la Palabra de Dios.

A mi papá le encantaba hablar de la Biblia, leerla, meditarla y, en muchísimas ocasiones, discutirla por largas horas con sus colegas y amigos. Mucha de mi formación bíblica inicial, fue estar sentado en la mesa del comedor de la casa, escuchando a mi papá y los demás adultos hablar por horas sin fin, acerca de los múltiples y diversos temas de la Biblia, fueran sencillos o complicados. Lo que más admiré de él, fue su capacidad de mantener un equilibrio estable entre las posiciones extremas que algunos tienden a tomar, con respecto a algunas enseñanzas bíblicas. En muchas ocasiones, me enseñó a buscar el buen balance que hay en el estudio de la Biblia. Me exhortó a mantenerme lejos de los extremos. Me decía que los extremos eran como la hierba mala en un jardín que le chupa la vida a las flores, restándole belleza y futuro al mismo.

Además del arte de balance, me enseñó a buscar maneras

sencillas de explicar la Biblia. En lugar de buscar las grandes palabras o los elocuentes ejemplos, Don Francisco se iba a lo más básico, a lo elemental, con el fin de dar a conocer los principios puros. Su filosofía era sencilla: ¿De qué me sirve enseñar algo que nadie puede entender, por haberles fallado en la explicación? De esta manera, usaba ilustraciones de la vida cotidiana, con la cual el oyente se sentía identificado, permitiéndole la entrada al principio espiritual y nada más. ¡Brillante!

Me emociona que han transcrito muchas de sus enseñanzas en esta serie de libros, ya que estoy seguro que servirán para la edificación y educación cristiana de la Iglesia actual. Hoy día, no sería quien soy sin el aporte de Francisco Warren en mi vida. Ahora, a través de estas enseñanzas, usted también podrá recibir el impacto de su manera balanceada, sencilla y digerible de enseñar la Palabra de Dios.

Que le haga buen provecho,

—Marcos Witt
Houston, Texas

PREFACIO

DURANTE SUS 39 años de ministerio en México, Francisco Warren no solamente era el fundador y pastor de varias iglesias, sino que también era el director del Instituto Bíblico Bethel, en Durango, México. Él amaba la Palabra de Dios más que nada y pasó horas enteras escudriñando las Escrituras para hallar otra pepita de oro allí escondida. Por eso, él era uno de los mejores maestros de la Biblia que jamás haya conocido.

De las clases que él dio en el instituto bíblico, surgieron los estudios que usted encontrará en este libro. Pudimos grabar muchas de ellas, mientras él estaba enseñando en el salón de clases, con las cuales pudimos sacar esta *Serie de bases bíblicas*.

Nuestra esperanza es que estas enseñanzas sean de bendición para cada uno de ustedes como lo fueron para aquellos que estuvimos oyéndolas en vivo, con el Pastor Francisco.

—NOLA WARREN

TRASFONDO HISTÓRICO

EL LIBRO DE Romanos esta dividido en dos partes principales:

- Cap. 1-11: Salvación por fe
- Cap. 12-16: Deberes cristianos

Cuando Pablo escribió la carta a los Romanos todavía no había visitado a Roma, pero estaba con la esperanza de visitarlos pronto (1:10).

EL AUTOR

Sabemos con certeza que el apóstol Pablo es el escritor del libro de Romanos al leer Romanos 1:1 lo siguiente: *"Pablo, siervo de Jesucristo, llamado a ser apóstol, apartado para el evangelio de Dios"* (Romanos 1:1).

Cada uno de los autores de la Biblia refleja su propia personalidad al escribir lo que el Espíritu Santo les iba inspirando a escribir. Por ejemplo, si primero fuéramos a leer las cartas de Lucas y después las de Pablo, podremos ver que sus escritos son muy distintos y diferentes porque son personas con perspectivas distintas. Lucas dice: "esto sucedió"; Pablo dice: "Dios hizo esto; Dios habló esto; esto es lo que Dios está diciendo; ésta es la doctrina de Dios". Lucas escribe desde otra perspectiva. Veamos una vez más el primer verso: *"Pablo, siervo de Jesucristo, llamado a ser apóstol, apartado para el evangelio de Dios"* (Romanos 1:1).

¿Qué significa esta palabra "apartado"? Significa separado. ¿Apartado para qué? Para predicar el evangelio de Dios. Estas son las Buenas Nuevas. Todos necesitamos oír las Buenas Nuevas. Yo quiero saber más sobre todo lo bueno que Dios tiene para mí, más de sus mandamientos. Hay veces que pensamos que ya conocemos todo sobre Dios porque sabemos algunos versos de memoria, pero mi ferviente deseo es realmente conocerle a través de su Palabra.

La carta de Romanos fue escrita durante la última visita de Pablo a Corinto (Hechos 20:1-2). Vamos a mezclar los datos de estos pasajes para entender mejor lo que estaba sucediendo. En la última visita a Corinto, después de que "cesó el alboroto, llamó Pablo a los discípulos y habiéndolos exhortado y abrazado, se despidió para ir a Macedonia. Y después de recorrer aquellas regiones, y de exhortarles con abundancia de palabras, llegó a Grecia". Grecia es el país donde se encuentra la ciudad de Corinto.

INTRODUCCIÓN A ROMANOS

EL LIBRO DE Romanos es uno de los más importantes de la Biblia. ¿Por qué? En este libro encontramos las Buenas Nuevas, lo que Dios hace y su Nuevo Pacto. Al estudiarlo, comenzamos a captar más la grandeza y obra de Dios (según nuestra capacidad de entender las cosas), y empezamos a comprender que Dios es muy sabio; que Él es más sabio que nosotros y también entendemos que Él no hace las cosas según nuestra habilidad de razonar o entender. En este estudio tendremos que amar a Dios con toda nuestra *mente*.

> *Jesús le dijo: Amarás al Señor tu Dios con todo tu corazón, y con toda tu alma, y con toda tu mente (Mateo 22:37).*

Pablo nos ayuda a comprender un poco más las grandes verdades contenidas en el evangelio. Estas verdades producirán gran libertad en su vida espiritual también, pero para gozar de una plena y total libertad, es necesario conocerlas y estudiarlas.

Para mí, si una persona entiende el libro de Romanos, la libertad va a llegar a su vida, porque Cristo dijo:"...*y conoceréis la verdad, y la verdad os hará libres*" (Juan 8:32). Nos hará libres de todo engaño del enemigo y libres para servir a Dios en la manera que debemos servirle.

Quiero darle un ejemplo de la protección que provee la verdad en la vida del creyente. Todos conocemos el verso que dice: "*Y nosotros tenemos este mandamiento de él: El que ama a Dios, ame también a su hermano*" (1 Juan 4:21).

En este verso, la Biblia nos está diciendo que debemos amar a nuestro hermano. Ya lo sabemos, pero no basta con saberlo, porque el enemigo puede engañarnos. Cuando el enemigo viene, y seguramente vendrá, y nosotros tenemos un arma en la mano que es la Palabra de Dios, no logrará engañar ni atraparnos, ni podrá llevarnos lejos de lo que Dios tiene para nuestra vida, porque con la Palabra de Dios podemos hacer huir al enemigo. La verdad nos hará libres.

Otra verdad muy importante que aprendemos en Romanos es el poder de la gracia de Dios en nuestra vida. Tenemos que estar bajo la gracia de Dios y no bajo la ley. Ninguna cosa espiritual va a funcionar en nuestra vida si no estamos bajo la gracia de Dios. Una ley sirve para decirnos qué hacer y qué no hacer. Vivir bajo la ley de Dios es cuando decimos: "Haz esto, esto y esto, y Dios le bendecirá". La única debilidad de esta ley somos nosotros, porque no podemos hacer "todo" y en lugar de recibir la bendición de Dios, recibimos la maldición de Dios, por no poder cumplir con toda la ley.

Así que Romanos nos enseña que todo el mundo está bajo el juicio de Dios, porque ha desobedecido la ley. ¿Qué vamos a hacer? ¿Vamos a hacer nuestro mejor esfuerzo? Todo lo que nosotros podamos hacer, en nuestra propia fuerza, es basura. Tenemos que dejar que Dios trabaje en nuestra vida. Tenemos que dejar que Dios derrame su amor en nosotros. Es necesario permitirle entrar e ir poniendo su naturaleza en nosotros. El estudio de Romanos nos enseñará a hacer precisamente esto.

Vamos a estudiarlo con nuestra mente, abriendo nuestro corazón para poder captar lo que Dios tiene para nosotros.

EL TEMA

El tema de la epístola a los Romanos es una respuesta completa y lógica que responde a la gran pregunta de los siglos: ¿Cómo se justificará el hombre con Dios? ¿Cómo puede una persona tener una relación con Dios en la que no hay nada entre esa persona y Dios? Romanos nos enseña que debemos tener un camino limpio, una relación íntima y buena con Dios pero, ¿cómo podemos tener eso? En otras palabras: ¿Cómo puedo estar sin culpa? A esto, el apóstol le llama *la justificación por la fe*, y es el tema de la doctrina principal de Romanos. Es la gran doctrina: La justificación por la fe y no por obras.

No es por nacer en el rancho o en tal ciudad o región. No es según su estado social. Es por fe. Esta fue la gran revelación que tuvo Martín Lutero, el padre de la Reforma en el siglo XVI. Era sacerdote y no quería salir de la iglesia, pero él volvió a descubrir esta doctrina de que el justo vivirá por la fe. En los inicios de la iglesia católica, también creían esta doctrina, pero se apartaron de la verdad y Dios mandó personas como Martín Lutero para traerlos de nuevo a la fe. Los principales de la iglesia, en lugar de aceptar sus recomendaciones, de humillarse y arrepentirse, lo corrieron y después lo perseguían para matarlo. Sin embargo, fue un momento demasiado importante en la historia de la Iglesia.

La justificación no es por obras. En aquellos días (los de Martín Lutero) tenían la costumbre de vender indulgencias. En otras palabras, que cualquiera que comprara un papel que decía "está perdonado" creía recibir perdón por cualquier pecado y por determinado número de años de castigo en el purgatorio. Las vendían para conseguir dinero. Martín Lutero se levantó y dijo: "La justificación solamente es por fe y no por pagar indulgencias".

Podemos resumir el tema de la siguiente manera: La justificación de los pecados es que somos justificados (vivir según la justicia y razón). ¡Justo eres!

Todos hemos sido justificados. Quizá usted siente culpa, pero quiero decirle que no hay condenación para los que están en Cristo Jesús. Cuando es justificado, ha sido aceptado, aprobado, corregido (en el sentido de que ya no vive como antes vivía). Más adelante vamos a estudiar esto con más detalle. Podríamos decir que este es el primer pensamiento principal en el libro de Romanos: "El justo vivirá por fe."

El siguiente pensamiento principal de Romanos es *la santificación de los creyentes*. Esta es una palabra muy mal entendida en muchos lugares. Lo interpretamos, equivocadamente, como algo permanente que hace Dios en cada uno de nosotros. Muchas veces pensamos que estamos mejorando y que estamos llegando a ser mejores cada día, pero en un ratito algo sucede y ¡pum! Nos enojamos y empezamos a guardar rencor, comenzamos a hablar muy brusco a cualquier persona o viceversa, y reconocemos que no estamos santificados. ¿Qué pasó con nuestra santificación? Creímos que ya estábamos mejorando. Tenemos que entender que la santificación es sólo por la gracia de Dios. El Diccionario de la Real Academia da como un significado de "santificar" lo siguiente: "Hacer venerable algo por la presencia o contacto de lo que es santo". Cristo en nosotros es nuestra santificación, y entre más contacto tengamos con Él, entre más buscamos su presencia, más dedicados seremos a Dios y a su manera de hacer las cosas.

Para lograr captar realmente este gran libro, tendremos que escudriñar temas como este. Espero contestar preguntas como: ¿Qué es la santificación? ¿Cómo podemos tenerla en nuestra vida? Muchos no entienden cómo podemos ser santificados o santos, pero Dios nos ha dejado las Buenas Noticias, y éstas son sencillas y están al alcance de todos.

En el capítulo 16 encontramos la ocasión y razón para escribir el libro de Romanos. Pablo estaba en su última visita a Corinto y allí él encontró a una hermana cristiana llamada Febe. Ella se dirigía a Roma y parte de la razón por esta carta es para presentarla con los hermanos de la iglesia y recomendarla:

> *"Os recomiendo además nuestra hermana Febe, la cual es diaconisa de la iglesia en Cencrea; que la recibáis en el Señor, como es digno de los santos, y que la ayudéis en cualquier cosa en que necesite de vosotros; porque ella ha ayudado a muchos, y a mí mismo" (Romanos 16:1-2).*

Es interesante notar que ella, siendo mujer, ocupaba un lugar de liderazgo en la iglesia primitiva. Si seguimos leyendo el texto, vemos que Febe llevaba la carta. Pablo, sabiendo que ella iba a Roma, aprovechó la ocasión para escribir esta carta y mandarla con ella. Pero, ¿por qué no la mandó por correo? ¿Cuál correo? En ese tiempo muchas veces no había corredores para llevar las cartas y por eso Pablo aprovechó la oportunidad para enviar por medio de ella una carta a la iglesia en aquel lugar. Gracias a Dios por Febe y también por Pablo que fue quien escribió la carta.

En esta porción de Romanos vemos que Pablo les avisa de una futura visita, y les declara las verdades que le habían sido reveladas. Pablo les dice que no había recibido este mensaje de los hombres sino que la había recibido directamente del cielo, de Jesucristo.

En los primeros nueve capítulos de esta carta es donde encontramos el desarrollo de la doctrina de la justificación por la fe. Esta es la gran doctrina de la Biblia.

En cuanto a la dispensación, Pablo habla de Israel y muestra la relación de los israelitas en el plan de salvación de Dios. Esta sección contesta la pregunta: ¿Qué lugar ocupa la nación judía en el plan de salvación?

Hoy en día hay cristianos que están muy confundidos respecto al lugar que tiene el país de Israel. Muchos piensan que Israel es el pueblo escogido de Dios y que tenemos que ayudarlos, que tenemos que bendecirlos, que tenemos que orar por Jerusalén todos los días o vamos a caer en miles de problemas.

Pero tenemos que recordar que estamos en el *Nuevo Pacto* con Dios. ¿Qué pasó con Israel? Ellos rechazaron las promesas de Dios que vinieron por medio de Abraham a su descendencia: "En ti serán benditas todas las naciones del mundo". Cuando llegó esta bendición (que es Cristo) los israelitas la rechazaron. Jesús nació de David. Cristo llegó como cumplimiento de esa promesa, pero el pueblo de Israel lo crucificó. Entonces ellos perdieron la bendición que Dios tenía para ellos, aunque algunos sí creyeron, la mayoría desde entonces han rechazado la idea de Jesús como el Mesías. Por eso, Dios en sus planes eternos, amando a toda su creación, volvió y ofreció salvación a los gentiles, y los gentiles sí aceptaron a Cristo.

Otra palabra que vamos a ver en este libro es *condenación*. No podemos ser salvos si no estamos perdidos. Podemos estar en alta mar y si no sabemos nadar bien nos podemos hundir, y por más que digamos "¡Voy a salvarme!", esto no será suficiente, sino que tenemos que pedir ayuda y gritar:

"¡Ayúdenme!", "¡Socorro!". Seguimos gritando hasta que llegan a rescatarnos. Cristo es nuestro "salvavidas", pero si pensamos que todo está bien en nuestra vida y que podemos salvarnos a nosotros mismos, nunca vamos a abrir nuestro corazón a Cristo. Con todo esto no piense que el mensaje principal de Romanos es la condenación, sino que todo esto es para despertarnos a la realidad de que necesitamos un Salvador. Cuando reconocemos esto, viene Cristo caminando sobre el agua para salvarnos. ¡Gracias Señor!

En resumen, en los capítulos 9 al 11 (Volumen II) veremos temas como la condenación, la justificación, la santificación y el pueblo de Israel. Vamos a ver lo que dice la Biblia respecto de estos temas. No nos ocuparemos de lo que digan los hombres, porque muchas veces estamos basando nuestra creencia en lo que éste o aquel predicó, o en algo que leímos en algún libro. Cuando usted toma la decisión de escudriñar y estudiar lo que dice la Biblia sobre estos temas, será una gran revelación a su vida.

EL VOCABULARIO

Como estamos empezando el estudio del libro de Romanos, hay ciertas cosas que debemos estudiar antes de entrar de lleno. Romanos, como otros libros de la Biblia, fue escrito con un vocabulario no muy común al nuestro. Entender el vocabulario es crucial para comprender la doctrina que Romanos nos comparte.

La primera vez que yo enseñé Romanos en la escuela bíblica hace años, ¡deben haberme escuchado! Habíamos regresado apenas de nuestra luna de miel, cuando la hermana Nola se enfermó al grado de obligarla a estar en cama por seis semanas. Yo no hablaba casi nada de español, pero tuve que tomar su lugar en la clase que ella enseñaba. Ella hacía las notas y después yo las escribía en el pizarrón y así es como yo daba la clase. Según yo, estaba enseñando muy bien, pero cuando tomaron el examen y todos reprobaron me di cuenta que nadie había entendido el material. Desde aquel entonces siempre doy el significado de estas palabras al principio del curso para que puedan entender de lo que estamos hablando.

1. Propiciación

Jamás he encontrado la persona que me pudiera dar el significado de la palabra propiciación. Nunca he escuchado que alguien la use en alguna predicación. Creo que para la mayoría de nosotros, es una palabra que se encuentra solamente en la Biblia. Pero la idea de la propiciación es de suma importancia si deseamos recibir la obra de salvación. La propiciación es algo que le da libertad a Dios para salvarnos. Podríamos decir que Dios está atado. Él ama a su creación. Él ama a toda la raza humana y quiere bendecirnos, pero no puede. ¿A qué se debe esto? Se debe a nuestra separación de Él. Estamos separados de Dios por medio de nuestras rebeliones y pecados. Nuestras iniquidades nos separan de Él. Dios quiere bendecirnos pero está atado por la justicia de su carácter que no le permite convivir con el pecado.

Usted puede tener un hijo muy rebelde, y quizá le haya desobedecido, causado pleitos, golpeado a sus hermanos. Usted como su padre lo ama y quiere bendecirlo, pero no puede. Usted está atado. Su justicia dice que tiene que hacer algo para corregir la situación antes de que pueda bendecirlo. De igual manera, Dios quiere bendecirnos pero no puede. Él está atado. Por eso, Dios mandó una propiciación. La propiciación es algo que le da libertad a Dios para mostrar su misericordia y poder bendecir al pecador. Sin propiciación, sin un sacrificio, Dios siendo justo, no podría perdonar y bendecir al pecador. ¿Cuál es nuestra propiciación? Cristo fue nuestra propiciación, nuestro sacrificio. Él tomó nuestro lugar para que pudiéramos recibir su perdón y misericordia.

Me gusta usar la ilustración de un juez, al que se le estaban presentando los casos para juzgar. Uno de los acusados que estaba delante de él tenía una lista grande de todos los delitos que había cometido: había robado varios bancos, había matado a un policía, había robado en varias ocasiones. Era una lista enorme. Al final, el juez vio al hombre y su nombre era Juan Rodríguez. El juez pregunta: "¿Tú eres Juan?". "Sí", contestó el acusado.

Juan había crecido en la casa al lado de la del juez y su familia y era gran amigo del hijo del juez. Juan siempre estaba en la casa del juez. Era como un hijo para él, hasta el día que la familia del juez se cambió a otro lugar y perdieron el contacto. Ahora Juan estaba delante del juez con una larga lista de acusaciones. Juan era como su propio hijo y él lo amaba. Tenía buenos recuerdos de él.

Ahora, el juez no puede pasar por alto todo lo que ha hecho Juan. El juez no puede hacer esto porque es un juez justo. Debido a que no sabe qué hacer con este caso, lo dejan para el siguiente día. Cuando el juez llega a su casa, comienza a platicar con su hijo sobre lo que había pasado y el hijo del juez le dice:

—Papá, Juan es mi mejor amigo. Perdimos el contacto con él pero aún es mi amigo, ¿Lo va a mandar a la cárcel?

—Por la lista de delitos que Juan ha cometido le corresponde un sentencia de veinte o treinta años en la cárcel— contestó el juez.

—Papá, no puede hacer eso. Yo amo tanto a Juan que voy a tomar su lugar.

Así que el caso del juez y de Juan continúa así: Al día siguiente le dijo el juez a Juan: "Mi hijo va a tomar tu sentencia. Tú quedas libre". El hijo había llegado a ser la propiciación para Juan.

Esto mismo nos sucedió con Jesús. Él tomó nuestro lugar en la cruz, librando las manos de Dios por toda la eternidad. Así Dios puede bendecirnos y mostrar su misericordia. No podemos olvidarlo jamás. Estamos aquí porque tenemos una *propiciación* que es Cristo Jesús.

La Biblia nos habla de dos tipos de justicia. La primera es la justicia que tiene Dios. La justicia de Dios va de acuerdo con su carácter divino y es a través de ella que Él muestra su carácter a la gente. Pero también existe otra justicia, y es la que Dios da a los que están en Cristo Jesús. Una es la justicia por su naturaleza y la otra es la justicia por su justificación. Podríamos describirlas así: La justicia que Dios tiene de acuerdo con su carácter, el carácter de Dios, y cuando Él deposita esta justicia en nosotros nos va a causar vivir de cierta manera. La otra justicia es la que Dios nos da. Su justicia que nos limpia de pecado.

Veamos qué nos muestra sobre la justicia Romanos 3:25: "*...a quien Dios puso como propiciación por medio de la fe en su sangre, para manifestar su justicia...*". En este instante, la palabra "justicia" se refiere a la justicia de Dios. Él mostró que es justo, y que no puede bendecir a alguien que anda mal, alguien que anda sin una propiciación, sin que alguien tome su lugar y lleve el castigo por él. Sabemos que un juez justo no comienza a liberar a personas que han cometido crímenes serios, porque si lo hace entonces deja de ser un juez justo. No es posible que el juez diga: "Vamos a arreglar esto. Deje algo de dinero en la mesa y lo arreglamos". ¡No! Es claro que eso no sería justo, ni estaría obrando justamente, ni tampoco Dios puede trabajar así. Él tiene que tener una propiciación y en este caso Él mostró su justicia por medio de requerir una propiciación.

¿A quién puso Dios como propiciación por medio de la fe en su sangre? ¿De quién estamos hablando? ¡De Cristo! Cristo es nuestra propiciación y Él es quien hace posible que Dios pueda mostrar misericordia y no ejecutar su justicia. ¿De quién es la justicia? La justicia es de Dios.

Es una justicia que Dios nos otorga por medio de creer en Jesucristo. Como dice Romanos 3:21-22: *"Pero ahora, aparte de la ley, se ha manifestado la justicia de Dios, testificada por la ley y por los profetas; la justicia de Dios por medio de la fe en Jesucristo, para todos los que creen en él…"*.

Hay una justicia de Dios que causa que actuemos de cierta manera, pero hay otra justicia que Dios nos da. Tenemos que entender esto o vamos a tener algo de confusión.

2. Justificación

¿Qué es la justificación? Es el acto jurídico de Dios, basado en su justicia y por medio de la cual declara justo al que cree en Jesucristo. Alguien, como en el caso de Juan, como el hijo del juez que tomó la culpa de su amigo. El juez entonces lo tiene que declarar justo, libre de culpa, porque su hijo había llevado esa culpa y castigo por Juan.

Aquí quiero mencionar otra cosa respecto de la Trinidad. Sería fácil, quizás, ver o pensar que en el cielo hay tres personas distintas. Podemos pensar que el Padre dijo: "Hijo, ¿puedes ir al mundo y morir por los hombres?". No creo que fue así. La Biblia dice que Dios mismo se manifestó en la carne. Nuestro

Dios, el Creador, se vistió en un cuerpo humano y en esta manifestación en la carne, era el Hijo de Dios, pero también era Dios. ¡Sí! La Biblia dice que era Dios en Cristo reconciliando al mundo a sí mismo. Sí, Jesucristo es verdadero hombre pero también es el verdadero Dios, y el único lugar donde vamos a ver a Dios es en Cristo Jesús.

Veamos 1 Juan 2:23: *"...El que confiesa al Hijo, tiene también al Padre"*. ¿Por qué? ¿Dónde está el Padre? Él está en el Hijo. El padre tomó un cuerpo humano por medio de María y esta manifestación es el Hijo de Dios. Pero, también es Dios porque la Biblia dice: *"Él es la imagen del Dios invisible"* (Col. 1:15). En Hebreos 1:3 dice que *"el cual, siendo el resplandor de su gloria, y la imagen misma de su sustancia..."*. Él es Dios manifestado en la carne y llega para reconciliarnos con Él mismo. El que recibe al Hijo, recibe al Padre y el que rechaza al Hijo, rechaza al Padre. No podemos rechazar al Hijo y amar al Padre. Él ya está en el Padre, reconciliando al mundo para sí mismo.

Cristo nos mostró que Él es Dios. Dijo: "Si no me creen por mis propias palabras, crean por las obras que estoy haciendo". Cuando estaba en el monte de la transfiguración su rostro comenzó a brillar más que el sol. Él es nuestro Dios manifestándose en la carne. Dios es invisible. Él cubre todo el universo. No podemos verlo, pero Él se manifestó en Cristo Jesús y vamos a ver a nuestro Dios en la cara de Cristo, y podemos oír a nuestro Dios por medio de la boca de Jesucristo.

No entendemos cómo es posible que Cristo sea Dios y sea hombre al mismo tiempo. Yo solamente estoy hablando lo que la Biblia dice. Jesús es Dios hecho carne. Es la imagen misma del Dios invisible. Pablo dijo: "En Él vivimos y andamos". Dios está en todas partes y si queremos saber cómo es Dios, vamos a ver a Cristo Jesús porque Él es el Padre manifestado en carne que llegó a ser el Hijo de Dios.

Todavía estamos hablando de la justificación y es más que un perdón de los pecados. *"Al que no conoció pecado, por nosotros lo hizo pecado, para que nosotros fuésemos hechos justicia de Dios en él"* (2 Corintios 5:21).

En otras palabras, tenemos la justicia de Cristo. Se cambió nuestra injusticia por la justicia de Él. Por ejemplo, usted va a una tortillería y tiene diez pesos. Usted deja sus diez pesos y se lleva las tortillas. Es un cambio. Nosotros en la salvación tenemos un cambio. Dios llevó toda nuestra culpa y nos da toda su justicia. Usted dirá: "Hermano Francisco, explíqueme cómo es posible eso". No sé cómo explicarlo porque sobrepasa mi entendimiento, pero mi espíritu se goza y salta pensando que tenemos la justicia de Dios. ¡Y debemos dar gracias a Dios todos los días! En Cristo Jesús no hay ninguna condenación, porque Él llevó toda nuestra culpa y nos da su justicia.

Puedo decir que estoy viendo mucha justicia aquí entre todos ustedes (por la vida de ustedes). No hay culpa. Tal vez usted no se siente justificado, pero quiero decirle que andamos por la fe. De esto se trata todo el libro de Romanos: una vida basada en la fe. Le pregunto: ¿Anda por fe o por vista?

¿De dónde viene la fe? Viene por medio de oír la Palabra de Dios. ¡Es maravilloso! Eso es lo que va a librarnos de la condenación. No nos librará el tratar de hacer lo mejor. Podemos decir: "Durante toda la semana yo voy a hacer todo bien. Voy a ayudar en todo. Voy a hacer algo para Dios. Toda la semana voy a andar bien". Estoy seguro que muy pronto se dará cuenta que no puede hacerlo, y se desanimará, quizá. Quiero evitarle todo ese problema con la siguiente frase: ¡No es posible!

Si podemos andar bien con nuestra propia fuerza, no

necesitaremos a Dios. Sin embargo, lo que he aprendido y experimentado es que Él es el que anda bien *en* nosotros. Tenemos la justicia de Dios *en* nosotros. Es nada más y nada menos que estar envuelto en el carácter de Dios y esta es la justificación.

¿Cómo podemos alcanzar la justificación? Por medio de la *propiciación*. Cuando Cristo murió por nosotros Él llevó toda nuestra culpa. Él llevó todo nuestro pecado y ahora estamos envueltos con la justicia de Dios. ¡Sin culpa! Como si nunca hubiéramos pecado. ¡Me gusta esto! Yo puedo imaginarlos a ustedes justificados también.

3. Santificación

¿Qué es la santificación? Es una separación del pecado inherente, esa naturaleza pecaminosa con la que todos nacemos. ¿Dónde está el pecado? ¡Aquí en el mundo! Hay que tener cuidado con el mundo. ¿Dónde está el mundo? ¡Aquí en nosotros! Yo puedo ir a una cantina y no significa que me voy a contaminar. Yo no entro a las cantinas porque no quiero que nadie piense que yo estoy entrando para tomar. Pero, yo podría entrar a una cantina y sentarme en el bar, pedir una coca y después voltear con la persona que tuviera al lado y decirle:

—¿Cómo está señor?

—Mal, mi esposa me abandonó— responde la persona.

—Bueno, yo conozco a alguien que puede ayudarle.

—¿Quién? ¿Quién es?

—Jesucristo.

—¿Jesucristo? Pero Él no me ama.

—Sí le ama.

—¡Pero yo he pecado mucho!

—De todas maneras Él le ama.

Conté todo esto para darle un ejemplo de que yo sí podría entrar a una cantina para predicar. Me gustaría entrar a predicar a las cantinas, pero no lo hago para no dejar un mal testimonio.

Hace algunos años, hubo un hermano en una de nuestras iglesias que tenía problema con el alcohol, y durante dos días no llegó a su casa. La esposa me llamó y me dijo: "Hermano, yo creo que está en alguna cantina tomando". Entonces yo le dije a la señora que me hiciera una lista de los lugares a donde él iba. Salí y busqué por aquellos lugares al hermano para llevarlo a su casa. Mi punto es que el hecho de entrar a una cantina no es lo que le contamina, sino cuando la cantina entra en nosotros es cuando hay problemas.

La santificación es una separación del pecado inherente y una dedicación a Dios. Es la obra que hace el Espíritu de Dios en nosotros. Usted no puede santificarse a sí mismo, así como tampoco puede perdonarse a sí mismo ni quitar la culpa de su vida. Dios tiene que hacer esas obras. Dentro de nosotros está una naturaleza pecaminosa y el Espíritu de Dios entra y nos separa de esta fuerza inherente, la fuerza y poder del pecado, y nos ayuda a vivir en santificación.

Si usted, cada día, toma una hoja limpia para anotar todo lo bueno que ha hecho, eso significa que no ha permitido que Dios le separe del pecado. Él es nuestra santificación.

4. Redención

De acuerdo al *Diccionario de la Real Academia Española* significa: "Rescatar o sacar de esclavitud al cautivo mediante precio". ¿Qué es "mediante precio"? La mejor ilustración que podemos dar son los mercados de esclavos. Era como un remate. Los compradores ofrecían distintos precios por los esclavos y algunas veces separaban a las familias. Separaban al hombre de su mujer, o a un hijo de sus padres. Gracias a Dios que en la mayoría de los países ya no es legal esta práctica, aunque sigue habiendo esclavitud que se practica de otras formas y debemos hacer todo por ayudar a estas personas.

Pero, puede imaginarse que un señor da una cantidad de dinero para comprar a algún esclavo juntamente con su esposa, con la finalidad de no separar a esta familia. Cuando se los entregan al nuevo dueño, ese señor les dice: "Ustedes quedan libres. Se pueden ir y hacer lo que quieran". Esta actitud era rara. Y los mismos esclavos se sorprenderían de esto y dirían: "Pero, señor, ¿por qué?". "Porque yo no quiero verlos como esclavos. Esta no es la voluntad de Dios para su vida. Son libres". Me puedo imaginar que la conversación podría ser la siguiente:

> *Esclavos: Pero no tenemos a dónde ir, no tenemos trabajo.*
>
> *Señor: Bueno, si ustedes quieren pueden venir y trabajar conmigo.*

Ahora, esta familia que había sido esclavizada, se va con él a trabajar como sus empleados y no como esclavos.

Cuando se escribe Romanos, era común la esclavitud en todo el mundo, hasta en la misma sociedad judía. Si alguna familia se endeudaba demasiado, era común vender algún miembro de la familia como esclavo para pagarla. También sucedía durante las guerras cuando algunas personas eran capturadas. Lo que era diferente en la cultura judía era el Año de Jubileo. Una fiesta que se celebraba cada 50 años en la que toda deuda era perdonada y los esclavos eran liberados. Pero ¿qué pasaba si al ser librado, un esclavo decidía quedarse como un siervo voluntario de su amo? Si esto sucedía, la persona entonces se colocaba una especie de arete o se agujeraba la oreja como señal de su lealtad y compromiso con su amo.

Por esto, aparece esta idea en el libro porque Dios no quiere esclavos. Dios quiere voluntarios. Si quiere entregar su vida voluntariamente al Señor está bien, pero Él no quiere esclavos. Él quiere hijos que estén sirviendo de corazón. Hemos sido comprados con un precio y este precio no es ni plata ni oro sino la sangre preciosa de Jesucristo. Luego Cristo nos pone en libertad. ¡Somos libres! Vamos a decir: "Señor yo quiero andar contigo"; "Yo quiero sujetarme a ti y servirte". ¡Somos libres porque fuimos comprados con sangre!

CAPÍTULOS UNO Y DOS
DE ROMANOS

E L CORAZÓN DEL tema principal de este estudio se encuentra en Romanos 1:16: *"Porque no me avergüenzo del evangelio, porque es poder de Dios para salvación a todo aquel que cree; al judío primeramente, y también al griego"*. Aquí vemos el evangelio encapsulado en un solo verso: hay algo que nos puede salvar, y no es sólo para judíos, sino para todo pueblo y nación. Podemos pensar que el evangelio es sólo una lista más de cosas que debemos hacer, pero no es así. Al contrario, dice que el evangelio es poder de Dios. Todo el libro de Romanos nos está diciendo que no es cuestión de que nosotros tratemos de hacer lo mejor que podamos para ser salvos, porque "nuestro mejor" no sirve. Nos enseña que en realidad debemos morir para que Cristo pueda vivir en nosotros, por medio del poder de Dios. Él es el único que es santo. Él es el único que es bueno. Él es el único que tiene la justicia y si no permitimos que Él siembre su vida en nosotros, podemos vivir bien por un sinfín de años, pero aun así nunca seremos salvos.

Hoy por la mañana yo estaba pensando en lo siguiente: ¿Por qué puso Dios en nosotros una naturaleza pecaminosa? ¿Por qué permitió que esta naturaleza pecaminosa fuera sembrada en nuestra vida? La respuesta que yo tengo es esta: "Para que pudiéramos tener la oportunidad de escoger entre el bien y el mal". Si en nosotros morara lo bueno, entonces no sería necesario escoger seguir a Dios. Pero no es así. Dios es bueno. Dios es amor, y Él no quiere que nosotros le sirvamos porque tengamos que hacerlo sino porque queremos hacerlo. Tuvo la opción de hacer criaturas que le sirviesen sólo a Él, pero Dios nos ha dado a nosotros la libertad de escoger si vamos a seguirle o no.

El hombre es la creación más hermosa de Dios y estamos en el corazón de Él. Nosotros podemos escoger entre servirle o no servirle. Si decidimos no servir a Dios, Él no nos va a detener. Pero si nosotros escogemos no servirle y al final nuestra vida es solamente basura, seremos enviados al fuego eterno porque ya no servimos para nada, sino para hacer maldades. Nosotros tenemos la libertad de escoger y ese es el derecho enorme que Dios nos ha dado. No sé de usted, pero yo quiero escoger servir a Dios con todo mi corazón, todos los días de mi vida. Yo quiero obedecerlo en todo lo que Él me dice. Por esta razón *"no me avergüenzo del evangelio, porque es poder de Dios para salvación a todo aquel que cree; al judío primeramente, y también al griego"*.

El libro entero de Romanos sirve para convencernos de una vez para siempre que es Dios en nosotros la esperanza de gloria, y no nosotros mismos tratando de hacer lo mejor que podamos. Hay personas que dicen: "Estamos llegando a ser mejores cada día." ¡Yo no lo creo! La Biblia dice que Cristo fue crucificado, y si queremos servirlo debemos tomar nuestra cruz cada día y seguirlo. Pero cuando vemos que aquel camino nos dirige hacia el calvario, muchas veces dejamos la cruz a un lado porque no queremos morir a nosotros mismos sino que queremos vivir para nosotros mismos.

Pablo comienza a explicar que debido a que todos estamos perdidos, no hay ninguno bueno y todos necesitamos un Salvador, hasta la persona más religiosa. Él comienza a colocar una base para esta salvación por gracia. Él tiene que convencer a los lectores que la raza humana está perdida en un 100% y está en grave y urgente necesidad de salvación.

Con los siguientes versos, plantea la idea de que Dios se está revelando en la creación para que de esta forma la humanidad sepa que sí existe: *"Porque la ira de Dios se revela desde el cielo contra toda impiedad e injusticia de los hombres que detienen con injusticia la verdad; porque lo que de Dios se conoce les es manifiesto, pues Dios se lo manifestó"* (1:18-19).

Dios está manifestando algo por medio toda la creación. La creación es la evidencia de su existencia. Si no podemos ver a Dios, ¿cómo sabremos que existe? Lo sabemos por todo lo que Él hace. Por ejemplo existen las computadoras, las podemos ver y eso significa que también debe haber alguien quien las fabrica, aunque no podamos verles. Hay computadoras muy sofisticadas, pero ellas no se crean solas.

El sentido común nos enseña que nada puede crearse por sí solo. Todo tiene que comenzar de algo, y la tendencia de los elementos es desorganizarse. Así que, para formar u organizar algo, es indispensable la intervención de otra entidad o persona. Aunque muchos creen que las primeras células llegaron a existir de una manera completamente accidental, nuestro sentido común no apoya esta idea de algo que a lo largo de miles de miles de años se organizó de la manera que vemos que están organizados los elementos de la creación.

Quiero darle un ejemplo: el cerebro humano. Nuestro cerebro tiene 100 000 000 células, y cada célula tiene 20 000 conexiones con otras células. Si quiere multiplicar esos números, se dará cuenta que es un número casi imposible de calcular. Es una cantidad enorme de células y todas están conectadas. Ahora le pregunto: ¿Qué estaba pasando en su cerebro mientras esas células no estaban conectadas? ¿Cuántos miles de años pasaron para que su cerebro pudiera funcionar? Hoy en día los hombres se están despertando al hecho de que el hombre no pudo haber surgido por la casualidad, sino se requirió de un plan divino, un plan de inteligencia. Todo un plan completo, pensando hasta en los géneros; el hombre y la mujer.

No hay manera de negar la evidencia de Dios en la creación. Este capítulo sigue diciendo: *"Porque las cosas invisibles de él, su eterno poder y deidad, se hacen claramente visibles desde la creación del mundo, siendo entendidas por medio de las cosas hechas, de modo que no tienen excusa"* (1:20).

Venimos diciendo que la creación es dónde vemos la realidad del poder de Dios, y más que cualquier otra generación nosotros podemos comprobar más que nunca la magnitud de la creación. Si pudiéramos viajar a la velocidad de la luz, nos daríamos cuenta que la luz da siete vueltas al mundo en un segundo, y para que la luz llegue a la luna tarda como un segundo y medio. Para llegar del sol a la tierra, la luz tarda como ocho minutos. La luz viaja por toda la galaxia donde están todas las estrellas que alcanzamos a ver desde la tierra. Algunas de estas estrellas en realidad son planetas que forman parte de nuestra galaxia. Existen cientos de miles de galaxias y para ir a otra galaxia tal vez tendríamos que viajar cinco o diez mil años a la velocidad de la luz.

Cada año, se fabrica un telescopio más potente que ve más lejos hacia las galaxias y se ha calculado que para pasar de un lado a otro, tendría que viajar la luz 6 000 000 000 de años. En otras palabras, si usted quiere dar una vuelta por el universo, tendrá que viajar 6 000 000 000 años a la velocidad de la luz para llegar a la orilla. Como puede ver, el universo nos muestra de manera tangible la idea de un Dios infinito y Todopoderoso. La humanidad se queda sin excusa entonces.

Para que todo esto sucediera tuvo que haber un Creador. Pero muchas veces nuestro entendimiento es necio. Estamos acostumbrados a que nos digan lo que debemos pensar y creer, pero usamos los ojos y el entendimiento que Dios nos ha dado; no es difícil ver que Dios sí existe.

Leí un artículo en una revista que describía a un grupo de hombres que estaban de cacería en Canadá. Se encontraban en un lugar muy solitario, y no había gente. A un lado de la montaña donde estaban cazando había un río y en este río había un barco. En su plataforma, llevaba toda clase de mercancía y entre todo se encontraba un carro, último modelo, muy fino y ya portaba sus placas, incluso el motor estaba encendido. El tanque del carro estaba lleno de gasolina, y su aceite estaba nuevo. Les dijeron que el carro se había aparecido, sin que nadie lo hubiera inventado. Al oír esto, los oyentes no lo podían creer. ¿Quién se creería semejante cosa? Es ilógico.

Alguien tuvo que haber creado este carro, el aceite, la gasolina. Y después todo se habrá colocado en el carro y todo lo necesario para que funcionara. Además, queda claro que todo esto no lo puede hacer una sola persona sino que muchas personas tuvieron que invertir muchas horas de trabajo. Todos estamos de acuerdo que un auto no sale de la nada. Sin embargo, hay aquellos que creen que el cuerpo humano, con sus 3 000 000 000 de células, salió de la nada. Un cuerpo humano también requiere combustible y cuidado. Y hasta eso, supera al auto en el sentido de que se repara a sí mismo. Un auto requiere un mecánico para arreglarlo, el cuerpo humano, con un poco de ayuda de los médicos, realmente tiene la capacidad de sanarse.

Estoy hablando todo esto para despertarle a un Dios vivo. No existe excusa para no creer. Podemos ver a Dios a través de su creación. Podemos ver su deidad. ¿Cómo es Dios? ¿Es como la luna? ¿Es como el sol? ¡No! Pero tanto en la luna como en el sol podemos ver la deidad de Dios. Nosotros mismos somos hechos a la imagen de Dios. Tenemos la habilidad de razonar. Podemos hablar y tomar decisiones. Podemos ver a Dios. La imagen de Dios quedó plasmada en nosotros mismos y esto no es un accidente. Dios sembró en nosotros su imagen. No somos la imagen perfecta, pero sí somos hechos a su imagen. Pero tenemos que recordar que la única imagen perfecta de Dios es Cristo como nos dice en Colosenses 1:15-16:

> *"Él es la imagen del Dios invisible, el primogénito de toda creación. Porque en él fueron creadas todas las cosas, las que hay en los cielos y las que hay en la tierra, visibles e invisibles; sean tronos, sean dominios, sean principados, sean potestades; todo fue creado por medio de él y para él".*

La Biblia dice que Dios creó el universo y que todas las cosas fueron creadas por Jesucristo. No es una contradicción porque Jesucristo es Dios manifestado en carne. Los dos son uno mismo. Las personas que enseñan que no somos creación de Dios están tratando de librarse de la obligación que tenemos de servir al Creador. Por ejemplo, si usted hace algo, esto le pertenece a usted y tiene todo el dominio sobre lo que ha hecho. De la misma manera, nosotros somos la creación de Dios y Él tiene todo el derecho de ordenarnos y usarnos de la manera que Él desea, pero, Dios decidió permitir que tuviésemos nuestra propia voluntad. Como dije antes, Dios no quiere esclavos. Él quiere hijos.

Si la creación entera hace que un Dios invisible sea visible para nosotros, ¿por qué siguen las personas en la incredulidad? Creo que la respuesta la leemos en el siguiente verso: *"Pues habiendo conocido a Dios, no le glorificaron como a Dios…"* (1:21).

¿Qué significa esto? Significa que, aun después de haber visto su gloria y poder manifestado a través de su creación, no le dieron a Cristo el lugar de primordial importancia en su vida. Cristo dijo: *"¿Por qué me llamáis, Señor, Señor, y no hacéis lo que yo digo?"* (Lucas 6:46).

No basta solamente con ver o reconocerlo, tenemos que poner a Dios en el lugar que Él se merece, como el único Dios. Él es nuestro Dios. Es maravilloso cuando entendemos que nuestro Dios sólo quiere beneficiar, perdonar, y limpiarnos; desea ayudarnos a triunfar. Él quiere sacar el pecado de nuestra vida y sembrar su amor. Él solamente quiere cosas buenas para nosotros y si decidimos no aceptar que Él es nuestro Dios y el Señor de nuestra vida, somos como unos locos.

Continúa diciendo este verso: *"…no le glorificaron como a Dios, ni le dieron gracias, sino que se envanecieron en sus razonamientos, y su necio corazón fue entenebrecido"* (1:21). Quiero decirle un secreto. Si usted quiere alejarse de Dios, tiene que dar un paso muy grande. Ese paso grande es "no glorificar a Dios" en su vida. Glorificar a Dios es simplemente, como lo explica el Diccionario de la Real Academia: "Reconocer y ensalzar a quien es glorioso tributándole alabanzas". Cuando alguien entra a algún lugar y es conocido, la buena costumbre dicta que debe reconocerle.

Si Dios se nos ha hecho conocido y visible por medio de las maravillas de la creación, deberíamos darle gloria, reconocerlo y ensalzarlo por lo grandioso que es. Ahora, nosotros tenemos el derecho de hacer lo que queremos, pero al dejar de hacer esto, impedimos que Dios haga lo que Él quiere hacer en nosotros. Le quitamos a Dios toda la libertad de trabajar en nuestra vida, de suplir nuestras necesidades, de aconsejarnos, de darnos su sabiduría, su naturaleza y su gloria.

Voy a ilustrar esto dando el ejemplo de un joven que quiere casarse. Este joven tiene una casa, un buen trabajo, cientos de miles de pesos en el banco, pero le falta la novia. ¿Sabe por qué tiene tanto dinero y tantas cosas? Estando soltero, él no tiene en quién gastar el dinero. Él quiere casarse con una señorita en particular, pero ella sólo quiere ir a cenar a un buen restaurante. Así que él la lleva a donde quiera ir, le compra lo que se le antoje, pero aun con toda la atención, regalos, y demás, ella no quiere casarse con él. ¿Por qué? Ella no quiere un "señor". Este hombre tiene todo y solamente está esperando a una mujer sobre la cual pueda derramar todas estas bendiciones como su amor, su dinero, una casa bonita y todo lo que él tiene.

Creo que es igual con Dios. Él quiere bendecirnos, pero nosotros no queremos un Dios, no queremos un Señor. Decimos: "Yo soy la imagen de Dios. Yo voy a amar mi propia vida. Yo voy a hacer mis propias decisiones. Nadie me va a decir cómo debo hacer las cosas". Bueno, ¡qué lástima! Nos perdemos de tantas bendiciones por no querer aceptar a Dios como el Señor de nuestra vida.

Así que no le dieron gloria, ni tampoco "no le dieron gracias". Este es un espíritu de mal agradecimiento, y es muy lejano del Espíritu de Dios. Esto de no darle gracias a Dios por lo que tenemos es como una enfermedad que afecta a casi todos los que vivimos en esta tierra. Especialmente si vivimos en una cultura en la que la acumulación de riqueza, posición y poder sea lo más importante. Es una lucha constante contra la envidia y la avaricia. Pero le animo que permita que el Espíritu Santo escudriñe su corazón y si existe aquel espíritu de mal agradecimiento o si ha caído en un hábito de no darle gracias a Dios en todo, que Él lo saque y coloque en su lugar un corazón agradecido y dispuesto. Algunos podrán pensar que esto en realidad no es de tanta importancia. ¿Qué tiene si no le doy gracias a Dios, si no lo alabo y hablo bien de Él por todo lo que ha hecho aquí en la tierra? Me atrevo a decirle que está en peligro de perderse de todo lo que Dios puede darle. ¿Qué dice el apóstol Pablo aquí en este pasaje que pasó con las personas por no dar gracias a Dios? Nos dice esto:

> "...*sino que se envanecieron en sus razonamientos, y su necio corazón fue entenebrecido. Profesando ser sabios, se hicieron necios, y cambiaron la gloria del Dios incorruptible en semejanza de imagen de hombre corruptible, de aves, de cuadrúpedos y de reptiles*" (1:21b-23).

La falta de agradecimiento nos llevará a la idolatría. Si no está reconociendo a Dios como el Creador de todo esto, entonces no será necesario alabarle como Dios ni rendirle cuentas como mayordomos.

Es conocimiento común que en muchas religiones, sus dioses consisten en cosas creadas. Y esto ha sucedido desde los tiempos antiguos. Miles de dioses a los que tienen que complacer; una inseguridad terrible. Las religiones que no permiten que ningún animal se mate, ni por alimentar a sus familias, ni por higiene. El orgullo del hombre lo lleva a hacer cosas indecibles como prácticas "religiosas", y todo porque no ha querido darle a Dios el lugar que se merece y que toda la creación testifica que es de Él.

Y no se termina el cuento en la idolatría porque sigue diciendo:

> *"Por lo cual también Dios los entregó a la inmundicia, en las concupiscencias de sus corazones, de modo que deshonraron entre sí sus propios cuerpos, ya que cambiaron la verdad de Dios por la mentira, honrando y dando culto a las criaturas antes que al Creador, el cual es bendito por los siglos. Amén"* (1:24-25).

Aquí está el escalón que sigue después de la idolatría. Toda clase de inmundicia moral y un mundo completamente controlado por sus concupiscencias y deseos carnales. Creo que puedo decir con certeza que estamos viviendo en esta clase de mundo hoy día, y todo es porque no queremos reconocer a nuestro Dios. Preferimos creer en la evolución que en un Dios Creador. De esta manera no tomamos ninguna responsabilidad por nuestras acciones, ni tenemos deber con nadie y las palabras de la Biblia no significan nada para nosotros. No queremos a Dios, queremos nuestra propia voluntad.

Es como un hombre que ama a una señorita. Él le manda flores, le manda chocolates, la invita a salir, pero ella no quiere nada con él. El siguiente paso que va a dar este hombre es alejarse de ella, porque solamente un loco va a tratar de "noviar" con alguien que no lo quiere y que no hay manera de ganar el favor de ella. Pero, espere un poco, aún hay esperanza porque quizás esta mujer llegue a decir: "Este hombre no es tan feo como lo veía el año pasado". En este caso, él puede hacer la lucha de nuevo para ganar el corazón de esta señorita.

Así es Dios. Él viene y es rechazado. Viene otra vez y es

rechazado. Pero cuando Él decide alejarse, el hombre se queda sin protección alguna, y el enemigo aprovechando se mete en la situación. Dios protege aun a los incrédulos, pero si rechazan a Dios, Él da un paso hacia atrás y la Biblia dice: *"Por lo cual también Dios los entregó…"* ¿De qué manera los entrega Dios a la inmundicia? Dando un paso hacia atrás. Si alguien está tratando de hacernos daño, Dios nos protege, pero si no queremos la protección de Dios, Él en ocasiones se retira y de repente somos entregados a la maldad de este mundo.

El pasaje sigue diciendo:

> *"Por esto Dios los entregó a pasiones vergonzosas; pues aun sus mujeres cambiaron el uso natural por el que es contra naturaleza, y de igual modo también los hombres, dejando el uso natural de la mujer, se encendieron en su lascivia unos con otros, cometiendo hechos vergonzosos hombres con hombres, y recibiendo en sí mismos la retribución debida a su extravío. Y como ellos no aprobaron tener en cuenta a Dios, Él los entregó a una mente reprobada, para hacer cosas que no convienen; estando atestados de toda injusticia, fornicación, perversidad, avaricia, maldad; llenos de envidia, homicidios, contiendas, engaños y malignidades; murmuradores, detractores, aborrecedores de Dios, injuriosos, soberbios, altivos, inventores de males, desobedientes a los padres, necios, desleales, sin afecto natural, implacables, sin misericordia; quienes habiendo entendido el juicio de Dios, que los que practican tales cosas son dignos de muerte,*

*no sólo las hacen, sino que también se complacen
con los que las practican" (1:26-32)*

Pablo dijo que en los últimos días vendrían tiempos peligrosos y no creo que al ver las condiciones en las que están la mayoría de nuestros países podremos refutar que estemos en los últimos días. Este pasaje se está cumpliendo hoy más que nunca.

Pero no terminan allí las noticias porque la misma Biblia dice que en los últimos días, Dios va a derramar su Espíritu sobre toda carne y que nuestros hijos profetizarán y van a hacer milagros y prodigios en la tierra.

*"Y después de esto derramaré mi Espíritu sobre
toda carne, y profetizarán vuestros hijos y vuestras hijas; vuestros ancianos soñarán sueños, y
vuestros jóvenes verán visiones" (Joel 2:28)*

Dios quiere usarnos, o tal vez Dios ya comenzó a usarnos. Tal vez el mundo nos va a matar pero no importa, porque la muerte es el camino directo al cielo. Cuando estaban apedreando a Esteban, él vio a Cristo y Él se puso en pie para recibirle en el cielo. No es malo ser apedreado por causa de Cristo. Lo malo es andar en la basura de este mundo y la basura de este mundo va a ser peor mañana que hoy. Pero Dios está levantando una iglesia poderosa que va a ser una luz en este mundo de tinieblas.

Sin embargo, aquellos que rehúsan darle a Dios su lugar, a darle la alabanza y gloria que merece, recibirán estas terribles consecuencias. Y al continuar leyendo el capítulo 2, el juicio se vuelve aún más severo: *"Por lo cual eres inexcusable, oh hombre, quienquiera que seas tú que juzgas; pues en lo que juzgas a otro, te condenas a ti mismo; porque tú que juzgas haces lo mismo"* (2:1).

La hipocresía de los religiosos, especialmente los judíos religiosos, es un tema central de este segundo capítulo. Pablo se refiere a cualquier persona que se atreve a juzgar a otro por lo que sí o no hace como alguien que se está condenando a sí misma. Jesús también habló duramente contra los hipócritas religiosos que juzgan a otros. Juzgan a otros, pero en realidad se están juzgando a ellos mismos porque son culpables de cosas iguales o peores. Él enseñó que ellos ya habían recibido su recompensa por cualquier cosa buena que hubieran hecho.

"Mas sabemos que el juicio de Dios contra los que practican tales cosas es según verdad" (2:2). Como hombres, no debemos juzgar, ni podemos juzgar justamente las acciones ni las intenciones del corazón, sólo Dios puede hacer esto. Tenemos que dejar esta clase de asunto en las manos de Dios y creer lo que dice aquí: Él juzgará según la verdad. Cualquiera injusticia o falso juicio que el hombre pudiera causar, podemos descansar seguros en el juicio o decisión de Dios porque Él se basará solamente en la verdad, no en sus emociones o conceptos.

> *"¿Y piensas esto, oh hombre, tú que juzgas a los que tal hacen, y haces lo mismo, que tú escaparás del juicio de Dios?"(2:3).*

De nuevo, nos recuerda el apóstol que nada está escondido de la vista de Dios. En otro lugar, se dice lo mismo con distintas palabras: con la misma medida con la que haya medido a los demás, se le medirá (ver Mateo 7:2). Dios no será burlado porque todo lo que el hombre siembre, eso mismo cosechará (ver Gálatas 6:7).

Quiero hacer mención especial del verso cuatro aquí: *"¿O menosprecias las riquezas de su benignidad, paciencia y longanimidad, ignorando que su benignidad te guía al arrepentimiento?"* (2:4).

Muchos hablan mal de Dios diciendo que a Él no le importa la condición de la humanidad ni del mundo, pero este pasaje nos enseña todo lo contrario. Dios siempre nos está dando oportunidad tras oportunidad para arrepentirnos y dejar nuestro camino pecaminoso. Más bien, hemos devaluado su gran benignidad, paciencia y longanimidad con la que guía a los hombres hacia el arrepentimiento. En lugar de quejarse de algo que le haya pasado, mejor piense si hay algo que Dios trata de decirle, algo de lo cual debe arrepentirse.

En el 2:9-13 dice: *"...tribulación y angustia sobre todo ser humano que hace lo malo, el judío primeramente y también el griego, pero gloria y honra y paz a todo el que hace lo bueno, al judío primeramente y también al griego; porque no hay acepción de personas para con Dios. Porque todos los que sin ley han pecado, sin ley también perecerán; y todos los que bajo la ley han pecado, por la ley serán juzgados; porque no son los oidores de la ley los justos ante Dios, sino los hacedores de la ley serán justificados."*

Pablo hace claro que está escribiendo a dos grupos de personas: los judíos y los gentiles (los no judíos, en este caso, los griegos). Los judíos creían que por ser hijos de la promesa y seguidores de la ley de Moisés, serían exentos de los mismos juicios que recibirían los gentiles. ¿Por qué? Porque Dios no hace acepción de personas. Él juzgará a cada hombre según su conocimiento y obediencia.

La promesa de juicio y tribulación viene acompañada de una promesa de gloria y paz para los que hacen lo bueno. Dios

siempre hace lo mismo. Nos presenta dos opciones: lo bueno
y lo malo. Tenemos que decidir cuál escogeremos y según
nuestra decisión, recibiremos o juicio o cosas buenas.

El verso 13 reitera la misma idea de que la justificación que
viene por fe, será evidente por las obras que hagamos. No es
un conflicto de ideas, sino que Pablo nos asegura que aunque
nuestra salvación es por fe, debe de verse el fruto de la misma:
buenas obras y obediencia.

Pablo propone que los judíos no estaban sirviendo al
Señor. La ley de Dios dice que si guardamos esta ley, Dios va a
mandar bendiciones muy grandes sobre nuestra vida, pero si
no la guardamos tendremos maldición. El problema no es con
la ley de Dios sino con nosotros. Nadie ha guardado la ley de
Dios. De una manera u otra, desobedecemos, si no es un mandamiento, será otro.

Cristo dijo que un solo verso cubría todo los puntos más importantes la ley: *"Aquél, respondiendo, dijo: Amarás al Señor tu
Dios con todo tu corazón, y con toda tu alma, y con todas tus
fuerzas, y con toda tu mente; y a tu prójimo como a ti mismo"*
(Lucas 10:27). El amor contiene toda la ley. Primero amor por
Dios y después por el prójimo. Le pregunto: ¿Usted ha amado
a su prójimo como a sí mismo? ¿Desde su nacimiento? ¡Claro
que no! Así pues, todos somos pecadores. Aun los que tenían la
santa ley, los judíos, habían sido pecadores.

> *"Porque cuando los gentiles que no tienen ley, hacen
> por naturaleza lo que es de la ley, éstos, aunque
> no tengan ley, son ley para sí mismos"* (2:14).

Ahora, existen muchas opiniones que difieren sobre esta
idea de la ley que es por la naturaleza, pero tenemos que

aceptar lo que dice. Yo creo que Dios puso algo en la vida de cada persona. Cualquier persona, aun en las tribus que se encuentran muy solas y aisladas, tiene leyes puestas allí por la naturaleza o la creación. Aunque las costumbres después cambian estos instintos, creo que cuando los niños van creciendo, hay ciertos conceptos con los que nacen que saben por instinto. Por ejemplo, en general no les gusta cuando algo malo les pasa, un maltrato, una injusticia, y también saben cuáles son las cosas que los hace sentirse bien: el placer, el amor, el gozo, la familia. Después, estos instintos se reemplazan por las costumbres y hábitos pecaminosos.

En la última parte de este capítulo se comparte una idea que hubiera sido muy extraña y hasta anatema para la mayoría de los judíos de la época. Pablo no pide disculpas por sus ideas tan explosivas, pero ya me puedo imaginar la reacción en algunos de los lugares donde se hubiera leído esta carta a la iglesia primitiva.

> *"Si, pues, el incircunciso guardare las ordenanzas de la ley, ¿no será tenida su incircuncisión como circuncisión? Y el que físicamente es incircunciso, pero guarda perfectamente la ley, te condenará a ti, que con la letra de la ley y con la circuncisión eres transgresor de la ley. Pues no es judío el que lo es exteriormente, ni es la circuncisión la que se hace exteriormente en la carne; sino que es judío el que lo es en lo interior, y la circuncisión es la del corazón, en espíritu, no en letra; la alabanza del cual no viene de los hombres, sino de Dios"* (2:26-29).

La circuncisión era la señal más sagrada e importante para todo varón judío. Era la prueba de su pacto con Dios. De hecho en la iglesia del primer siglo, la cuestión de la circuncisión fue una de las más polémicas entre los cristianos judíos y gentiles. Entonces, para que el apóstol les dijera que en realidad la circuncisión no era lo más importante era algo completamente nuevo. Lo que está estableciendo como una nueva ordenanza es que la verdadera circuncisión, esa señal de relación y pacto con Dios, no era algo exterior sino interior. Era del espíritu y corazón del hombre, un cambio en sus hábitos, costumbres, aspecto.

Una vez más, nos recuerda que el Único que verdaderamente sabrá quién tiene la circuncisión es Dios, y de Él se recibirá cualquier alabanza, premio o recompensa. Verdaderamente son buenas nuevas, ¿no cree? El poder del Espíritu Santo para cortar y remover esa naturaleza pecaminosa (que es representada por el prepucio que se removía a través de la circuncisión) y hacernos hijos suyos, con una naturaleza nueva.

CAPÍTULO TRES
DE ROMANOS

SI USTED VA a estudiar Romanos, le recomiendo que lea bien el capítulo tres.

En los capítulos uno y dos, Pablo muestra que tanto los judíos y los gentiles están bajo el juicio de Dios. Los *gentiles* no tenían la santa Ley de Dios, pero ellos tenían una ley que Dios había escrito en sus corazones por medio de su conciencia. Es una ley que les causaba hacer ciertas cosas y también dejar de hacer otras cosas, según su conciencia. No siempre eran obedientes a la ley de su conciencia, pero estaba la ley en sus corazones. Por otro lado, los *judíos* sí tenían la santa Ley de Dios, pero tampoco la guardaban. Tanto judíos como gentiles eran culpables de no guardar la santa Ley de Dios o la ley de sus conciencias, y eso significa que los dos grupos estaban bajo el juicio de Dios.

En el capítulo tres vemos a Pablo tratando con el problema que tenían los judíos de no abandonar su propia justicia que viene por la ley. La única manera que serían justificados por la ley es luchar por obedecer la ley. Quizá lograban obedecer una parte pero fallaban en otra. La Biblia dice que la persona que no obedece *toda* la ley es culpable de desobediencia y está bajo el juicio de Dios.

Todos nosotros, los gentiles y los judíos, estamos o estábamos bajo la Ley de Dios. Esto es, antes de que llegara Jesucristo a nuestra vida. Sucede algo curioso en que muchas veces nosotros no queremos dejar a un lado nuestra propia justicia. Sin embargo, para recibir la justicia de Dios en lugar de la nuestra, tenemos que dejar nuestra propia justicia porque como quiera no sirve de nada. Isaías 64:6 nos dice: *"Si bien todos nosotros somos como suciedad, y todas nuestras justicias como trapo de inmundicia".* La justicia que viene de Dios es por fe y nuestra propia justicia viene por medio de trabajar bajo la santa Ley de Dios. Ya que no podemos tener las dos justicias, ¿cuál justicia prefiere?

Muchas veces no queremos soltar la idea de que somos malos, pero no tan malos como otra persona. Es decir que no somos tan malos como ellos porque tenemos nuestra propia justicia. Pero si llegamos con Cristo, no podemos llegar con nuestra propia justicia, tenemos que llegar como pecadores, porque así somos, y tenemos que depender completamente de su justicia.

No podemos depender completamente de su justicia y estar luchando bajo la ley para andar bien y tener nuestra propia justicia al mismo tiempo. Al tratar de ser "buena gente" estamos bajo la ley y no bajo la justicia de Dios. Algunas personas creen que andan "más o menos bien", porque están honrando a sus padres. Pero han dicho algunas mentiras, quizá andan en adulterio, o muchas otras cosas, pero como están honrando a sus padres, piensan que están bien. Este no es el asunto, porque si va a vivir con su propia justicia tiene que *guardar toda la ley* para poder ser salvo y nadie puede guardar toda la ley. Lo vimos en Romanos capítulo uno y dos.

En Romanos 3:9-20 Pablo usa las escrituras del Antiguo Testamento para mostrar que todo está bajo el juicio de Dios y revela el propósito verdadero de la ley.

"¿Qué, pues? ¿Somos nosotros mejores que ellos? En ninguna manera; pues ya hemos acusado a judíos y

a gentiles, que todos están bajo pecado. Como está
escrito: No hay justo, ni aun uno; No hay quien en-
tienda. No hay quien busque a Dios. Todos se des-
viaron, a una se hicieron inútiles; No hay quien
haga lo bueno, no hay ni siquiera uno. Sepulcro
abierto es su garganta; Con su lengua engañan. Ve-
neno de áspides hay debajo de sus labios; su boca
está llena de maldición y de amargura. Sus pies se
apresuran para derramar sangre; Quebranto y des-
ventura hay en sus caminos; Y no conocieron ca-
mino de paz. No hay temor de Dios delante de sus
ojos. Pero sabemos que todo lo que la ley dice, lo
dice a los que están bajo la ley, para que toda boca
se cierre y todo el mundo quede bajo el juicio de
Dios; ya que por las obras de la ley ningún ser hu-
mano será justificado delante de él; porque por
medio de la ley es el conocimiento del pecado".

No hay justo ni aun uno. Todos hemos fallado delante de
Dios y no hemos obedecido su santa Ley. Tampoco hemos obedecido la ley de nuestra conciencia. Ya sabemos todo lo que la
Ley dice para los que están bajo la Ley: *"Para que toda boca*
se cierre y todo el mundo quede bajo el juicio de Dios". Pero al
vivir así, ningún ser humano será justificado delante de Dios
ya que la Ley es sólo para tener conocimiento del pecado.

Podemos preguntar a cualquier persona: ¿Por qué Dios
mandó la santa Ley? Algunos quizá dirán que es para que
Dios nos haga "santos", pero este no fue el propósito de la
santa Ley. El verso 20 dice: *"por medio de la ley es el conoci-*
miento del pecado". La Ley de Dios dice que debemos hacer
esto y esto, y esto. Tal vez usted no ha cumplido con cierta ley.

Puede trabajar toda su vida y llevar la santa Ley delante de sus ojos todos los días. La puede leer todo el tiempo pero aun así no la puede cumplir toda. *"Por las obras de la ley ningún ser humano será justificado delante de él"* (3:20). Si no estamos justificados, estamos acusados y estamos bajo el juicio de Dios.

En el verso 21 Pablo comienza su poderosa revelación, que es el evangelio de Dios. Este es el corazón de este libro, el evangelio de Dios. El evangelio de Dios significa las "buenas nuevas", y con una declaración Pablo comienza esta revelación: *"Pero ahora, aparte de la ley, se ha manifestado la justicia de Dios, testificada por la ley y por los profetas"* (3:21).

¿Cómo pudo Pablo dejar a un lado la santa Ley de Dios que fue dada a Moisés y escrita en piedras por el dedo de Dios? ¿Cómo pudo Pablo decir "ahora apártense de la ley" o "ya no piense más en la ley, porque Dios está haciendo otra cosa"? ¿Cómo pudo Pablo decir esto si es la santa Ley de Dios? Pablo dice que vamos a dejar a un lado la santa Ley de Dios porque ahora vamos a hablar de ser justos aparte de la Ley.

Ahora Pablo comienza a hablar algo increíble. Dice aparte de la Ley de Dios, vamos a hacernos justos. En los versos 21-25 Pablo revela cómo puede suceder esto, es decir cómo es que Dios puede hacernos justos aparte de la Ley.

> *"Pero ahora, aparte de la ley, se ha manifestado la justicia de Dios, testificada por la ley y por los profetas; la justicia de Dios por medio de la fe en Jesucristo, para todos los que creen en él. Porque no hay diferencia, por cuanto todos pecaron, y están destituidos de la gloria de Dios, siendo justificados gratuitamente por su gracia, mediante la redención que es en Cristo Jesús, a quien Dios puso como*

propiciación por medio de la fe en su sangre, para manifestar su justicia, a causa de haber pasado por alto, en su paciencia, los pecados pasados".

¿Qué está diciendo aquí? Está diciendo que Cristo fue hecho nuestra "propiciación". Propiciación es una palabra que no estamos acostumbrados a escuchar muy seguido. Veamos qué significa esta palabra.

La *propiciación* es algo que hace posible que Dios muestre misericordia y declare justo a los que creen en Jesucristo. En este caso, ¿qué es la propiciación? ¿De dónde viene? Viene de Cristo. La ilustración que me gusta incluir en esta porción de la Palabra de Dios para poder entender lo que es la propiciación es la del juez justo, la ilustración que mencioné en el primer capítulo. Este juez no podía abusar de su autoridad para bendecir a Juan, el amigo de su hijo. Por eso el hijo del juez tomó el lugar de Juan y de esa manera se hizo propiciación a la vida de Juan. El hijo del juez tomó el lugar de Juan. Por lo mismo, Juan quedó libre de todos los cargos.

Nosotros somos como Juan, porque hemos cometido muchos pecados. Dios viene a ser este juez justo. Dios quiere bendecirnos pero no puede hacerlo porque Él es justo y nosotros somos pecadores. El que viene a hacer propiciación a nuestra vida es Jesucristo, el Hijo de Dios, tomó nuestro lugar en la cruz, llevó nuestra culpa y pecado por amor a nosotros. Esto es la propiciación como lo describe también 2 Corintios 5:21: *"Al que no conoció pecado, por nosotros lo hizo pecado, para que nosotros fuésemos hechos justicia de Dios en él".*

Cristo llevó toda nuestra culpa. Él fue nuestra propiciación. Una vida limpia, justa, sin pecado fue dada por nosotros y ahora nosotros somos justificados. La palabra justificación significa "como si nunca hubiera pecado". ¿Cómo podemos rechazar una salvación tan grande? Hemos sido justificados por Cristo Jesús.

Somos libres porque Dios suplió su propiciación, que es Cristo crucificado y su sangre fue derramada en la cruz por nosotros. Cristo tomó nuestro lugar. Él sufrió nuestro castigo y ahora hemos sido comprados. Hemos sido redimidos. La palabra *redimir* significa "comprar". Sin ningún pago por nuestra parte, somos redimidos con su sangre preciosa.

Nuestros pecados han sido perdonados y aunque hayamos pecado muchas veces, aunque hayamos hecho muchas cosas malas, cada uno de esos pecados fue llevado en el Cuerpo de Cristo. Y ahora, nosotros somos como si nunca hubiésemos pecado.

Cristo fue maldición por nosotros ("*...porque está escrito: Maldito todo el que es colgado en un madero...*" Gálatas 3:13) para que fuésemos la justicia de Dios. La justicia de Dios no viene por no haber pecado ya que todos hemos pecado y ya no podemos entrar en su presencia. Pero Dios tiene su propiciación que es Cristo crucificado por nosotros. Este hecho soltó las manos de Dios y ahora Él puede bendecir a cualquier persona. Algunos pueden decir que Dios es injusto al perdonar a los pecadores, pero no es así. Nosotros tenemos la propiciación que es Cristo Jesús al llevar todas nuestras culpas en la cruz y esto es por su gran amor por nosotros.

En este capítulo tres de Romanos, vemos que Dios tenía un problema. En años anteriores, los judíos mataban un animal, ya sea un becerro o cordero, presentaban su sangre ante el altar para que Dios cubriera sus pecados. Cada año el sumo sacerdote entraba en el Lugar Santísimo y colocaban la sangre de los animales sacrificados. Al salir, el sumo sacerdote le comunicaba al pueblo que Dios había aceptado los sacrificios, la gente se gozaba porque Dios había cubierto sus pecados. Dios había mandado que para que sus pecados fueran perdonados, tenían que ofrecer cierto tipo de sacrificio. Otros, pensando que quizá sería mejor su sacrificio o más extravagante, no fueron aceptados por Dios. Pero todos esos sacrificios y formas, eran solo tipos y sombras de Jesucristo. Dios esperaba el momento cuando llegara el Único Sacrificio que lavaría del pecado. Cuando llegó Cristo, Juan el Bautista dijo: *"...He aquí el Cordero de Dios, que quita el pecado del mundo"* (Juan 1:29).

De todas las generaciones pasadas y las generaciones futuras, todos sus pecados son quitados. No es el pecado el que va a impedir que entremos al cielo, sino que es el no creer en Cristo, la propiciación de Dios, el Cordero de Dios que quita el pecado del mundo. El no creer en la propiciación de Dios es lo que nos va a impedir entrar al cielo.

En los capítulos siete y ocho vamos a ver que no solamente somos perdonados de nuestros pecados, sino que también Él nos separa de la fuerza del pecado para que podamos andar en la santidad de la vida.

> *"¿Dónde, pues, está la jactancia? Queda excluida.*
> *¿Por cuál ley? ¿Por la de las obras? No, sino por la*
> *ley de la fe. Concluimos, pues, que el hombre es*
> *justificado por fe sin las obras de la ley"* (3:27-28).

Nuevamente, el apóstol deja muy claro que la única manera que seremos salvos será por la fe. Y en esta ocasión, declara hay otra clase de ley: la de la fe. En otras palabras, Dios no ha dejado de establecer la forma de llegar ante Él, sino que ahora por su misericordia, ha establecido una nueva ley. Una que podemos cumplir, porque la verdad es que Él la cumplió. Así que, no debemos jactarnos nosotros mismos, porque fue Jesucristo el Salvador quien quitó el pecado. Él murió por nosotros. Y nosotros, ¿qué hacemos? Lo que nosotros tenemos que hacer es creer y creer, y seguir creyendo. Somos salvos por la fe y no por medio de ninguna buena o mala obra que hayamos hecho, sino solamente por medio de la sangre de Jesucristo. No somos salvos por la ley de las obras sino por la ley de la fe. Y esa ley nos hace justos antes Dios.

El único pecado que no será limpia es el pecado escondido, el pecado que no confesamos. Si confesamos nuestro pecado, Cristo nos perdona. En lo personal a mí me gusta el verso de 1 Juan 1:7 donde dice: *"…la sangre de Jesucristo su Hijo nos limpia de todo pecado"*.

Me puedo imaginar la siguiente conversación:

—*"Señor tú sabes que he pecado, ¿qué debo hacer?"*

—*"Solamente confiar en mí y mi sangre te limpia"*.

Gramáticamente hablando, la palabra *limpiar* está en el presente progresivo, y en este caso significa que continuamente nos está limpiando. El único pecado que no es perdonado es el pecado que está oculto, el pecado que escondemos y no queremos soltar. Su sangre nos limpia de todo pecado y la Biblia dice que Él es justo y fiel para perdonarnos y limpiarnos.

Este es el proceso para que seamos *justificados*. ¿Qué significa esto? Significa que seremos como si nunca hubiéramos pecado. Es precisamente esta sangre que hace la obra porque en el momento en que hemos pecado podemos doblar nuestra rodilla y pedirle al Señor que nos perdone, y no solamente obtenemos el perdón sino que nuestra conciencia también está limpia. La sangre de aquellos becerros y corderos del antiguo pacto no podían limpiar la conciencia. Después de presentar sus sacrificios, las personas todavía se sentían mal, pero la sangre de Jesucristo limpia la conciencia y hace que nos sintamos como si nunca hubiésemos pecado. ¡Qué preciosa es la salvación de Jesucristo!

Como ya leímos, no se trata de luchar bajo la ley para ser santo, sino que se trata de la fe por medio de Jesucristo.

Y ahora vienen las buenas noticias para todos nosotros que no somos judíos: *"¿Es Dios solamente Dios de los judíos? ¿No es también Dios de los gentiles? Ciertamente, también de los gentiles. Porque Dios es uno, y él justificará por la fe a los de la circuncisión, y por medio de la fe a los de la incircuncisión"* (3:29-30).

Son buenas noticias para nosotros, ¿no cree? Dios no está jugando con nosotros, prometiendo algo y después no cumpliendo. Así como cumplió su promesa a los judíos, cumplirá de la misma manera su promesa de salvación por fe a todos los gentiles, o sea nosotros.

Algunos judíos tenían dudas de que la provisión del Cordero para quitar el pecado del mundo también fuera para aquellos que no eran de la circuncisión, de la ley. Sin embargo, Pablo presenta un argumento definitivo a favor de nosotros, los gentiles. Dios es el mismo y su trato con cada uno será según su conocimiento.

Se levanta, entonces, una pregunta sobre la ley. Si ahora, Dios nos salva por la fe, ¿qué sucede con la ley? ¿Ahora la ley es mala? ¿Qué haremos con la ley?

Pablo termina este capítulo con la misma pregunta que todos tenemos que contestar junto con su repuesta: *"¿Luego por la fe invalidamos la ley? En ninguna manera, sino que confirmamos la ley"* (3:31).

Al inicio de este estudio hablé de que la ley de Dios justifica al hombre, pero es la misma ley de Dios que nos dice que no obedecemos todo lo que está escrito en esta ley. Somos culpables de no guardar la ley y para los que no la guardamos hay consecuencia: la muerte.

Pero Pablo nos dice algo muy diferente. Nos declara que por la fe es que estamos confirmando la ley. ¿Qué significa esto? Significa que la salvación es por gracia, por creer en Jesucristo. La paga por el pecado que todos y cada uno de nosotros ha cometido, es muerte. Y esta paga es igual para los de la ley y los de la gracia. La salvación por la fe dice lo mismo que la ley de Dios. ¿Pero qué está pasando? ¿Dios se quiere burlar de nosotros?

La ley dice que merecemos morir, y la justificación en Cristo Jesús dice que merecemos la muerte, PERO Cristo tomó nuestro lugar en la cruz. El gran "pero" que fue la obra de Jesús a nuestro favor. Dios no cambió el precio, lo que hizo fue pagar Él mismo el precio. Por esto, Pablo escribe esas palabras que cambian para siempre nuestro futuro: Por gracia somos salvos, no por obras, sino por creer en Cristo.

Cuando hemos aceptado lo que Jesús compró, después Dios comienza a escribir sus leyes en nuestro corazón y nuestra mente y automáticamente lo que la ley dice que hagamos, lo hacemos. ¿Qué es lo que dice la ley? La misma Biblia nos enseña que todo lo que dijeron los profetas y lo que dijeron en los mandamientos se puede resumir en un solo mandamiento: *Ama a Dios con cada parte de tu ser y ama a tu prójimo como a ti mismo* (Lucas 10:27). Es difícil, imposible, que en nuestra propia fuerza lo podamos hacer, pero al momento en que

Cristo entra en nuestra vida y por medio del Espíritu Santo comienza a derramar su amor en nuestro corazón.

En el capítulo ocho vamos a estudiar lo que la ley no puede hacer en nuestra vida. También vamos a ver que cuando permitimos que Dios derrame su amor en nosotros, todo cambia. Si no estamos amando a nuestros hermanos y familiares como debemos, pidamos al Señor que nos mande más amor por nuestros hermanos o para nuestros padres, nuestra esposa, nuestro esposo, los vecinos o las personas que se encuentran a nuestro alrededor. Dios derramará todo el amor que necesitamos en nuestro corazón. Por medio de este amor vamos a guardar lo que Dios ha mandado, aunque ya no estemos bajo la ley.

CAPÍTULO CUATRO
DE ROMANOS

PARA CONTINUAR CON el capítulo cuatro, quiero regresar a Romanos 3:21 para retomar el pensamiento de Pablo: *"Pero ahora, aparte de la ley, se ha manifestado la justicia de Dios, testificada por la ley y por los profetas"* (3:21).

Pablo continúa enseñando sobre este tema de la justificación por la fe en el capítulo cuatro: *"¿Qué, pues, diremos que halló Abraham, nuestro padre según la carne? Porque si Abraham fue justificado por las obras, tiene de qué gloriarse, pero no para con Dios. Porque ¿qué dice la Escritura? Creyó Abraham a Dios, y le fue contado por justicia"* (4:1-3).

Esto es de mucha importancia porque nos está diciendo que la manera en que Dios está justificando a la gente, es completamente aparte de la ley. Cuando antes la justificación venía por medio de la ley. El ejemplo que nos pone es de la vida de Abraham. Dice la Escritura que Abraham creyó y le fue contado por justicia. Esto es de mucha importancia. No podemos mezclar los dos pactos que tenemos en la Biblia: el pacto de la santa Ley de Dios que fue dado a Moisés para el pueblo de Israel con el pacto de Cristo en el Nuevo Testamento. Podemos ver que la santa Ley tenía un propósito diferente a lo que muchos piensan.

La ley fue para mostrar el pecado y no era para hacer justas a las personas. Por esa razón Dios después hizo el pacto de la gracia. Pero no podemos mezclar los dos pactos. Para gozar de todos los beneficios de este nuevo pacto, tenemos que andar en la ley de la libertad, en la ley de la gracia de Dios en el pacto de la gracia que trajo Cristo. La ley vino por Moisés, pero la gracia vino por Jesucristo. La gracia es Dios favoreciendo y bendiciéndonos, y esto solamente por fe en Jesucristo, nada más y nada menos.

Ya hemos visto que la ley trae condenación y el juicio de Dios sobre la gente, porque nadie puede guardar la santa ley de Dios. No fue mandada para hacernos santos, sino que fue mandada para mostrarnos que no somos santos.

Ahora Pablo nos muestra en el capítulo cuatro que esto no es nada nuevo, sino que Abraham fue justificado solamente por su fe y no por ninguna obra. La gracia por fe trae justificación. La palabra *justificación* tiene un significado muy bueno, y quiere decir que somos como si nunca hubiéramos pecado. Esto es lo que Dios hace a nuestra vida, por medio de su nuevo pacto. Este pacto viene a nosotros por medio del sacrificio de Cristo por cada uno de nosotros.

> *"Pero al que obra, no se le cuenta el salario como gracia, sino como deuda; más al que no obra, sino cree en aquel que justifica al impío, su fe le es contada por justicia"* (4:4-5).

En estos versos podemos ver que no es por obra, ni por ninguna cosa que podamos hacer. No es por hacer algún pago para poder andar bien, porque en realidad nadie puede andar bien sin Cristo en su vida. Es por la fe que Dios justifica al impío, a los malos. Si no estamos en Cristo Jesús somos malos. Todos nacimos en pecado, crecimos en pecado y somos impíos. Pero por fe en Jesucristo Dios nos justifica y nos pone en un lugar que es como si nunca hubiésemos pecado.

En los siguientes versos vemos que no solamente Abraham fue justificado por su fe, sino también David: *"Como también David habla de la bienaventuranza del hombre a quien Dios atribuye justicia sin obras, diciendo: Bienaventurados aquellos cuyas iniquidades son perdonadas, Y cuyos pecados son cubiertos. Bienaventurado el varón a quien el Señor no inculpa de pecado"* (4:6-8).

Tal vez David, más que cualquier otra persona, estaba disfrutando de la misericordia y el perdón de Dios para con él a pesar de su comportamiento con Betsabé y su esposo. Había cometido adulterio, quiso encubrir todo mandando matar al marido, y no confesó enseguida su pecado. Pero cuando llegó el profeta, fue confrontado con su pecado y se arrepintió. Dios no guardó nada en contra de David, a pesar del pecado tan grave que cometió (aunque sí sufrió las consecuencias de su pecado). (Puede leer su historia en 2 Samuel 11-12.) ¿Por qué? Porque David confesó su pecado y pidió perdón (Salmo 51).

Dios está ofreciéndonos la misma misericordia que Él le mostró a David y nos dice "Tus pecados te son perdonados". No es por ninguna obra que nosotros hacemos ni por guardar la ley de Dios, sino porque Jesucristo murió por nosotros y Él es nuestra propiciación, esa propiciación que hace posible que Dios muestre misericordia a nuestra vida, y la sangre de Jesucristo también nos limpia de todo pecado.

En los versos que siguen, Pablo sigue presentando la evidencia de la justificación de Abraham por la fe, y por consiguiente, también nosotros seremos justificados por la fe. *"¿Es, pues, esta bienaventuranza solamente para los de la circuncisión, o también para los de la incircuncisión? Porque decimos que a Abraham le fue contada la fe por justicia. ¿Cómo, pues, le fue contada? ¿Estando en la circuncisión, o en la*

*incircuncisión? No en la circuncisión, sino en la incircunci-
sión. Y recibió la circuncisión como señal, como sello de la justicia de la fe que tuvo estando aún incircunciso; para que fuese
padre de todos los creyentes no circuncidados, a fin de que
también a ellos la fe les sea contada por justicia; y padre de la
circuncisión para los que no solamente son de la circuncisión,
sino que también siguen las pisadas de la fe que tuvo nuestro
padre Abraham antes de ser circuncidado"* (4:9-12).

Necesitamos de una vez y para siempre captar lo que Pablo
está tratando de hacer: mostrarnos que ninguna cosa, ningún
acto religioso, ningún mandamiento que estemos tratando de
guardar nos va a traer la justicia a nuestra vida. Tenemos que
entender que somos completamente malos y que no existe ni
siquiera una sola persona que haya sido o que sea justa. Todos
somos pecadores y destituidos de la gracia y la misericordia de
Dios. Pero cuando llegó Cristo cambió todo el ambiente. También el pasaje trata de convencer a los judíos y a cualquiera de
nosotros, que no tenemos la salvación por ninguna obra que
podamos hacer para tener la salvación. Es muy clara la idea de
que la circuncisión llegó después como una señal o muestra
de la justificación que había ocurrido por fe anteriormente.

Por ejemplo, yo creo que lo que más se asemeja hoy en día,
con relación a lo que tenían los judíos con la circuncisión, es
el bautismo en agua. ¿Somos salvos por medio del bautismo
en agua? o ¿Somos salvos por medio de nuestra fe? Si es por
el bautismo en agua, vamos a llevar a la gente en contra de su
voluntad y echarles en las aguas del bautismo para que sean
salvos. ¡No! La salvación es por nuestra fe y el bautismo es
para los que ya han creído y que ya son justificados.

El bautismo es un testimonio delante de todo el mundo que
creemos en Cristo, que estamos comenzando la relación con

Él, que estamos sepultando al viejo hombre que fue crucificado con Cristo y que al ser levantados del agua por nuestra fe somos una nueva criatura en Cristo Jesús. El bautismo no nos salva sino la fe que tenemos en el sacrificio de Cristo la que trae la limpieza a nuestra vida por medio de la sangre, trayendo el nuevo nacimiento a nuestra vida.

Somos una nueva creación, una nueva persona, en Cristo Jesús. Nuestros pecados son perdonados. El bautismo en el agua es el acto o la manifestación de nuestra fe que muestra que hemos creído que somos salvos. El acto no nos salva sino el creer es lo que nos salva. Así como en esta historia de Abraham, él creyó y le fue contado por justicia pero después recibió la señal (es decir, la circuncisión), el sello de este pacto que tenía con Dios, y ya era justificado. No fue para ser justificado sino porque él ya era justificado, que él recibió la señal y el sello de la justicia. Él fue justificado por la fe.

Ojalá que podamos entender esto porque es de suma importancia. No hay ninguna cosa que podamos hacer para ser justificados delante de la presencia de Dios. Lo único que podemos hacer es creer en el sacrificio que Cristo hizo por nosotros. Porque Cristo fue ofrecido por nosotros, su cuerpo molido y su sangre derramada, y esto es lo que hace posible que Dios nos justifique. Todos los que creen serán salvos. Así dice la Palabra de Dios. La justicia que tenía Abraham fue dada por fe y no por la ley.

Y Pablo continúa haciendo énfasis en la justificación por fe y no quiere soltar el asunto porque es de mucha importancia: *"Porque no por la ley fue dada a Abraham o a su descendencia la promesa de que sería heredero del mundo, sino por la justicia de la fe. Porque si los que son de la ley son los herederos, vana resulta la fe, y anulada la promesa. Pues la*

ley produce ira; pero donde no hay ley, tampoco hay transgre-
sión. Por tanto, es por fe, para que sea por gracia, a fin de que
la promesa sea firme para toda su descendencia; no solamente
para la que es de la ley, sino también para la que es de la fe de
Abraham, el cual es padre de todos nosotros" (4:13-16).

Ya hemos estudiado sobre los judíos y los gentiles. Ambos
están en un solo pueblo, es decir el pueblo de Cristo Jesús.

Ahora la Biblia nuevamente confirma que no es por las
obras de la ley, sino por las obras de nuestra fe. Es por creer en
Jesucristo que llegamos a ser parte de Él. La promesa fue dada
a Abraham, del cual descendieron ellos, pero si no están en
Cristo no pueden recibir la bendición. Somos la descendencia
espiritual de Abraham, llegamos a ser parte de Abraham y
todas las promesas de Dios están en Cristo Jesús serán nuestras también. Somos participantes de todas las riquezas que
fueron prometidas a Abraham, y somos coherederos con
Cristo Jesús de todas las riquezas de Dios.

La misma fe que tuvo Abraham, debemos tenerla también
nosotros y seguir su ejemplo de fe como nos lo describe enseguida: *"... (como está escrito: Te he puesto por padre de mu-*
chas gentes) delante de Dios, a quien creyó, el cual da vida a los
muertos, y llama las cosas que no son, como si fuesen. Él creyó
en esperanza contra esperanza, para llegar a ser padre de mu-
chas gentes, conforme a lo que se le había dicho: Así será tu des-
cendencia. Y no se debilitó en la fe al considerar su cuerpo, que
estaba ya como muerto (siendo de casi cien años), o la esteri-
lidad de la matriz de Sara. Tampoco dudó, por incredulidad, de
la promesa de Dios, sino que se fortaleció en fe, dando gloria a
Dios, plenamente convencido de que era también poderoso para
hacer todo lo que había prometido; por lo cual también su fe le
fue contada por justicia" (4:17-22).

¿Por qué nos está describiendo con tanto detalle la experiencia de Abraham al esperar el cumplimiento de la promesa que Dios la había dado? Creo que nos está enseñando que debemos ser inyectados con la misma clase de fe que tuvo Abraham. A veces podemos echar la mirada a nuestra vida y ver de qué manera andamos o de qué manera podemos andar. Esto puede causar desánimo, cuando vemos la debilidad de nuestros cuerpos, la debilidad de nuestras habilidades, pero no podemos debilitarnos en nuestra confianza en un Dios que es Todopoderoso y fiel para cumplir cada uno de sus promesas. Tenemos que seguir el camino que tomó Abraham. No dudó al ver la debilidad de su cuerpo, sino que se fortaleció en la fe. De igual manera, nosotros al ver nuestras circunstancias, quizá difíciles en donde no veamos el cumplimiento de las promesas que Dios ha puesto en nuestro corazón, podremos animarnos y decir: "Dios prometió salvarme del pecado y transformarme a la imagen de Cristo, y sé que lo hará aunque ahora mismo mi cuerpo está débil y sin fuerza". No vamos a soltar esta esperanza que tenemos en Cristo Jesús. En los tiempos de mayor oscuridad podemos creer en Dios y esto también nos será contado por justicia. Tenemos que vivir y caminar por fe.

Pero ¿qué hacemos cuándo nos sentimos débiles? Quiero decirle que a todo cristiano la pasa, y si alguien le dice que nunca la ha sucedido, no le crea. Pero lo hermoso de nuestro Dios es que Él nos conoce y aun cuando somos débiles, nos ha dejado la respuesta para salir de eso. Debemos decir "fuerte soy" y no pensar que es una mentira. Vamos a creer lo que dice Efesios 3:20: "*Y a Aquel que es poderoso para hacer todas las cosas mucho más abundantemente de lo que pedimos o entendemos, según el poder que actúa en nosotros*". Combatimos la debilidad con nuestra boca y las palabras que salen de ella. Si salen palabras llenas de fe, nuestra fe será fortalecida; si salen palabras llenas de duda y temor, nuestra fe menguará.

Continuemos con este capítulo: *"Y no solamente con respecto a él se escribió que le fue contada, sino también con respecto a nosotros a quienes ha de ser contada, esto es, a los que creemos en el que levantó de los muertos a Jesús, Señor nuestro, el cual fue entregado por nuestras transgresiones, y resucitado para nuestra justificación"* (4:23-25).

Por fe recibimos, por medio del sacrificio de Jesucristo, la justificación y quedamos como si nunca hubiésemos pecado. No sé si a ustedes les pasa pero, para mí es un consuelo el pensar en todos los pecados y la maldad que ha habido en mi vida y saber que en este momento no siento ninguna culpa, porque la sangre de Jesucristo ha limpiado mi vida y mi conciencia. Me siento como si nunca hubiera pecado. ¿Qué significa esto? Significa que la sangre de Jesucristo no viene para que luchemos tratando de ser un santo ni para que tratemos de obedecer la ley de Dios, porque no podemos hacerlo. La obra de la sangre de Jesucristo viene por medio de creer en Él, y entra en nuestra vida con su Espíritu Santo, comienza a derramar el amor de Dios en nuestro corazón y comenzamos a cumplir con todo lo que Dios desea en nuestra vida. Todos los cuales pueden resumirse en este solo: Amar a Dios con todo nuestro ser y amar a nuestro prójimo como a nosotros mismos. Todo esto llega a nuestra vida por medio de la fe, y debemos buscar que nuestra fe tenga las mismas características que tuvo la de Abraham.

CAPÍTULO CINCO DE
ROMANOS (PARTE 1)

HAY PODER EN nuestra vida que quita la maldad y nos hace santos para andar en el amor con todos. Aun con su suegro, con su hermano, su esposa o esposo, sus hijos, con sus padres, con todos los hermanos de la iglesia. Con todos, es decir, con las personas que tienen buena relación con usted, con los que más o menos anda bien, pero también con aquellos que usted tiene que luchar para poder relacionarse con ellos. Cristo tenía a Judas. ¿Usted piensa que en la iglesia todos andan bien? Bueno, si todos anduvieran bien, entonces no necesitamos pastores para orar, para aconsejar porque todos seríamos perfectos y nos vamos al cielo.

En el capítulo cinco, el autor sigue ampliando el concepto de la justificación. El tiempo que pasa en este tema me dice, sin lugar a dudas, que es un tema sumamente importante y debemos entender y asimilar todas las implicaciones. *"Justificados, pues, por la fe, tenemos paz para con Dios por medio de nuestro Señor Jesucristo"* (5:1).

La justificación que ha llegado a nuestra vida por medio de la fe, tiene otro efecto muy grande: produce paz entre Dios y nosotros. El pecado nos había separado de Dios, no había paz entre nosotros; no había relación. Ahora, gracias a la poderosa obra de Jesús, podemos tener seguridad en el conocimiento de una sanidad en nuestra relación con Dios. Y esto es seguro, no es un "quizá", "tal vez", "con buena suerte", "ojalá que tengamos paz para con Dios". ¡No! Dios ya no tiene nada en contra de nosotros. Cristo ya llevó todo. Él nos ve y dice: "La justicia de Cristo".

Pero es triste porque nosotros muchas veces no decimos lo mismo. Contradecimos a Dios con palabras como: "Soy un bueno para nada", "Jamás cambiaré", "Nunca saldré de esta adicción". Nuestras palabras difieren demasiado de las de nuestro Dios, y nuestros ojos andan muy lejos de lo que Dios ve, y no queremos acercarnos a Él porque pensamos que Dios nos va a golpear o castigar. ¡No! Nuestro castigo, lo que nos habíamos "ganado", cayó sobre Cristo. Nuestros golpes ya cayeron sobre Cristo.

Me gusta cómo ilustra esta verdad la película *La pasión de Cristo*. Él llevó nuestra culpa, Él tomó nuestro lugar, tomó nuestro castigo y gracias a eso ahora somos justificados y tenemos paz con Él. Dios no está enojado con nosotros por el hecho de haber pecado. Basta con confesar ese pecado para que Dios nos perdone, y si usted ya confesó ese pecado dos o tres veces mejor deje de confesarlo y comience a creer que si confesamos nuestros pecados Dios es fiel y justo para perdonarnos (vea 1 Juan 1:9). ¿Por qué digo que Dios es justo? Porque Él no va a culparnos del pecado por el cual Cristo murió. Él no nos va a cobrar por algo que ya está pagado. Quizá usted dice: "Hermano Francisco, yo he pecado mucho". Sí, pero Cristo también sufrió mucho. Él sufrió por cada uno de nuestros pecados. Vamos a creer. Vamos a ser limpiados y a tener paz con Dios por medio de nuestro Señor Jesucristo. Qué bueno que somos justificados y perdonados. Pero eso no es todo porque viene el verso dos.

No nos vamos a quedar sólo con el verso uno. No vamos a hacer lo mismo que los israelitas cuando cruzaron el mar rojo. Todos estaban cantando y danzando. María tomó el pandero, las mujeres comenzaron a seguirla y gritaban: ¡Dios es grande! Pero en pocas semanas, necesitaban entrar a la tierra prometida, y ¿qué pasó? Lloraron, diciendo: "No podemos subir. Hay gigantes allá y somos demasiado débiles". Y por eso ellos se quedaron en un desierto dando vueltas y vueltas durante el resto de sus vidas.

Nosotros no queremos quedarnos en un desierto espiritual, dando vueltas toda la vida alrededor de las mismas verdades, por muy buenas que sean. Queremos seguir avanzando y creciendo en nuestro conocimiento de Dios y de todo lo que tiene para cada uno de nosotros. Pablo nos escribe: *"...por quien también tenemos entrada por la fe a esta gracia en la cual estamos firmes, y nos gloriamos en la esperanza de la gloria de Dios"* (5:2).

Dios quiere que pongamos raíces en su amor, en su gracia para que sepamos lo grande que es la salvación. Él no nos salvó sólo por salvarnos. Nos salvó para atraernos a Él, para tener comunión con Él y para tener una relación íntima con Él. Una relación que nos hace también partícipes de todas las bendiciones espirituales. Esta entrada a toda la gracia, el favor de Dios, llega por la fe.

Después de casarme con Nola, al llegar a la casa de mis padres para visitarlos, ésta seguía siendo "mi casa". Si la puerta estaba cerrada, yo la abría. Si ellos todavía estaban dormidos, ¿tenía que esperar a que ellos despertaran para pedirles permiso de sacar algo del refrigerador? ¡Claro que no! Yo abría y sacaba las cosas para hacer un emparedado para mí y los que iban conmigo. Cuando mi mamá me escuchó, se ofreció para prepararnos un desayuno, pero le contesté: "No gracias, ya preparamos algo".

Este es un ejemplo de la entrada que tenemos con Dios.

Somos coherederos juntamente con Cristo. Todas las cosas nos pertenecen por su gracia. Como dice 1 Corintios 8:6: *"Para nosotros, sin embargo, sólo hay un Dios, el Padre, del cual proceden todas las cosas, y nosotros somos para él; y un Señor, Jesucristo, por medio del cual son todas las cosas, y nosotros por medio de él".*

Muchas veces sabemos que somos los hijos de Dios, pero no entramos a su casa para ver lo que Él tiene para nosotros. La fe nos da entrada a esta gracia, este favor que no merecíamos, y nos establece en este lugar, en esta casa con toda seguridad. No más somos pecadores destituidos de su presencia; ahora somos hijos de la casa con todos los derechos y responsabilidades que esto implica.

Más adelante, en la lectura hay un verso que dice: *"El que no escatimó ni a su propio Hijo, sino que lo entregó por todos nosotros, ¿cómo no nos dará también con él todas las cosas?"* (8:32). Aquí no dice que nos dará sólo "unas cositas de vez en cuando". ¡Nos dará todas las cosas! Le pregunto: ¿Usted es cristiano? Muchos tienen la mentalidad de pobreza y dirían: "Sí, pero soy un pobre cristiano". Le quiero decir que no hay hijos de Dios que sean pobres. Somos aceptos en el Amado, somos justificados, tenemos paz con Dios y tenemos una entrada a su presencia. La fe nos ha llevado hasta su casa y ahora podemos entrar y disfrutar de todas las cosas que Él tiene. Cualquier necesidad es suplida, toda deuda es pagada, todos los derechos son reservados.

Romanos 5:2 también nos dice que nos gloriamos en la esperanza de la gloria de Dios. ¿En cuál esperanza? Nuestra esperanza es que veremos la gloria de Dios. Esta es la esperanza que tenemos y produce también seguridad. No solamente veremos la gloria de Dios sino que también vamos a "gloriarnos".

Esto es complacernos o alegrarnos mucho en la persona de Dios.

> *"Y no sólo esto, sino que también nos gloriamos en las tribulaciones, sabiendo que la tribulación produce paciencia; y la paciencia, prueba; y la prueba, esperanza; y la esperanza no avergüenza; porque el amor de Dios ha sido derramado en nuestros corazones por el Espíritu Santo que nos fue dado"* (5:3-5).

Nos gloriamos, nos alegramos, también en las tribulaciones. ¿No le parece algo contradictorio esto? Primero nos está hablando del gozo que tendremos al experimentar la presencia de Dios y ahora dice que deberíamos tener la misma reacción cuando enfrentemos situaciones difíciles aquí en esta tierra. Pero le quiero decir que no hay nada como una tribulación para traer confianza en Dios a nuestra vida. Él es un Dios de tribulaciones y aunque este tema no es muy popular, la Biblia está llena de aflicción y tribulación y su lugar en la vida del cristiano.

Romanos 8:35 dice: *"¿Quién nos separará del amor de Cristo? ¿Tribulación, o angustia, o persecución, o hambre, o desnudez, o peligro, o espada?"* Si se fija, la tribulación es la primera cosa que se menciona aquí en este pasaje.

En otro lugar, Cristo dijo en Juan 16:33: *"... En el mundo tendréis aflicción; pero confiad, yo he vencido al mundo".* Vamos a confiar en estas palabras porque nadie puede separarnos del amor de Cristo. No hay que asustarnos ni desanimarnos en las tribulaciones. Creo que tenemos que cambiar nuestra forma de verlas.

"... sabiendo que la tribulación produce paciencia" (5:3). Le

pregunto: ¿Qué hacen las tribulaciones? Quizá dirá que sólo causan sufrimiento y ansiedad, pero le quiero decir que hacen cosas buenas y nos dan algo bueno. ¿Sabe usted cuándo se produce la paciencia? ¿Será cuándo todo sale bien? No, ya que no necesitamos paciencia cuando todo sale bien. Al contrario, la necesitamos cuando todo sale mal. Así que, nos tenemos que agarrar muy bien de la promesa que nos dice que a los que aman a Dios y a su hermano todas las cosas les ayudan a bien. En otras palabras, hasta la tribulación nos puede ayudar a bien.

¿Sabe cuál es la diferencia entre un joven y un adulto mayor? Algunos dicen que es que el joven no tiene fuerza. No se crea. A mí me gusta siempre saludar y dar un apretón de manos, pero cuando algunos jóvenes, de aquellos que hacen bastante ejercicio, me toman la mano con fuerza hasta a veces lastimarme. Los jóvenes tienen fuerza, pero esto no es la madurez. Los jóvenes tienen más fuerza que los ancianos, pero no tienen la madurez de los ancianos.

La madurez puede definirse con una sola palabra: "paciencia". Los jóvenes no tienen paciencia y muchas veces esto les crea el problema que tienen que es que sufren mucho, y a pesar de creer en Dios, creer que son justificados y creer que Dios está con ellos, de todas maneras sufren. Él es Todopoderoso y con Él todo es posible, pero es fácil olvidar esto cuando queremos conseguir algo, o soñamos con hacer algo pero queremos que suceda al momento. Pensamos que "no podemos esperar más", año tras año, pero si aprendemos la paciencia la espera no se nos hará tan difícil y todo pasará más rápido. En un rato ya estaremos casados, ya tendremos tres, cuatro, cinco o seis hijos, y después ya son grandes, ya tenemos nietos, bisnietos, ya estamos sepultados, ya estamos con el Señor. Eso es si tenemos paciencia. Pero si no tenemos paciencia, un minuto parece un año. Preguntamos: ¿Cuándo va a terminar este minuto? La paciencia no es negativa, sino que es una seguridad llena de fe y esperanza de que todo va a salir bien. Una tribulación enfrentada con fe produce paciencia y esta paciencia es un arma para nosotros en esta lucha de la fe.

"*...y la paciencia, prueba; y la prueba, esperanza*" (5:4). Cuando la tribulación se acaba, significa que hemos pasado la prueba, y si viene otra tribulación debemos recordar que Dios está con nosotros y también pasaremos la prueba con su ayuda.

Recuerdo que hace muchos años yo estaba a bordo de un barco que cruzaba el Océano Pacífico y entramos en una fuerte tempestad. Era un huracán. El barco estaba moviéndose mucho. Las olas eran tan grandes que no se podía ver nada a 100 metros de distancia. Estábamos preocupados y pensábamos que ese huracán acabaría con todos. Pero había un señor a bordo que nos dijo: "Tranquilos, no se preocupen. Yo tengo trece años a bordo de este barco y todavía estoy aquí". Él nos contó que una vez estaban en una tempestad tan fuerte que el barco se acostó de lado en el agua, y que el agua había entrado por la escape del humo de uno de los motores y que el barco se quedó de lado temblando un rato. Luego poco a poco el barco empezó a enderezarse y otra vez pudieron seguir adelante. Por eso él decía que esas olas y esa tempestad en la que estábamos no le preocupaban.

Las pruebas y las tribulaciones producen paciencia. Entramos en una prueba, pero salimos de ella porque Dios está con nosotros. Entramos en otra y salimos y Dios sigue estando con nosotros. ¿Para qué son las tribulaciones? Son para probar la fidelidad de Dios para con nosotros, y no solamente esto, sino que como dice también en Romanos 5:3, hasta nos "gloriamos en las tribulaciones". Puede parecer muy extraña esta idea, pero realmente nos podemos alegrar en medio de la tribulación porque estaremos comprobando una vez que la mano de Dios obrará a nuestro favor y nos sacará al otro lado más fuerte, más bendecido, más capacitado para toda la obra que tiene para nosotros. Al rato como dicen los niños "colorín, colorado" las tribulaciones se habrán acabado.

No cambiaría las tribulaciones en mi vida por todo el dinero del mundo, porque yo he visto la fidelidad, el poder, la salvación y la obra de Dios por medio de las tribulaciones como en ningún otro momento de mi vida. Dios es fiel y Él quiere que nosotros sepamos que Él es fiel. ¿Qué o quién nos separará del amor de Cristo? ¿Tribulación? ¿Angustia? ¿Persecución? ¿Qué? ¡Nada nos separará del amor de Dios!

Qué bueno es caminar con Pablo por medio de lo que él escribió aquí en este libro. Podemos acompañarlo, viendo milagros, viendo cómo predica el evangelio y pasando años en las cárceles. Pablo fue golpeado, muchas veces con azotes, tantos que ni él recordaba el número. Él pasó tres veces por tiempos de tempestad en altamar. Persecución. Una vez tenía 40 hombres buscándole para matarlo. Hasta las autoridades estaban tratando de hacer cosas en contra de él. ¿Usted quiere andar con Pablo? Tuvo tribulaciones, pero también tuvo victorias. Había poder y milagros. Una vez lo dejaron muerto, pero Dios lo resucitó. En otra ocasión una serpiente le mordió la mano y los que le estaban mirando dijeron: "Va a caer, va a caer en el juicio de Dios". Pero Pablo sacudió la serpiente de su mano y al siguiente día él ya estaba orando por los enfermos y dándoles de comer.

Pablo dice: "Yo he aprendido a estar contento en cualquier situación". Podemos estar contentos en cualquier situación, tanto en abundancia como en escasez, porque Dios está con nosotros. Él puede cambiar su situación en cualquier momento, y Él llama las cosas que no son como si fuesen y dice "todo está bien, hijo". ¿Qué vamos a hacer? Gloriarnos en las tribulaciones.

Le animo que de ahora en adelante, cuando lleguen situaciones difíciles a su vida, cuando llegan las tribulaciones (que sí llegarán) que pueda hacer lo mismo que hacía Pablo y se goce en todo porque seguramente, si no desmaya, verá la gloria de Dios y su misericordia, perdón y favor de una manera más real que nunca antes. Las tribulaciones verdaderamente pueden llegar a ser una causa de regocijo en su vida.

CAPÍTULO CINCO DE
ROMANOS (PARTE 2)

Venimos hablando de que tenemos paz para con Dios, que tenemos entrada a lo que Dios tiene y no solamente esto sino que también nos gloriamos en las tribulaciones. ¿Qué significa esto? Seguridad. Dios no tiene que llevarnos, protegiéndonos de cualquier cosita. Las personas más débiles en el mundo son las que siempre están protegidas. Mi suegro habla de esto poniendo el ejemplo de un grupo de árboles sembrados uno junto al otro. Los árboles que quedaron en medio estaban muy protegidos por los que estaban en los extremos. Después comenzaron a cortar algunos árboles dejando al descubierto los árboles del centro y cuando llegó un viento fuerte comenzaron a caerse los árboles que habían estado en el centro, porque nunca antes habían sido golpeados por el viento. Durante el crecimiento de un árbol, cada vez que un viento lo sacude, causa que sus raíces se vayan cada vez más profundas. Viene otro viento y el árbol entierra más sus raíces de manera que al cabo de los años, el viento más fuerte no puede tumbar a aquel árbol.

Si usted quiere ser un cristiano débil, entonces escóndase cuando venga la tribulación. Escóndase de cualquier prueba, de cualquier viento contrario, de tal manera que si sale usted afuera va a caer. Los vientos fuertes (las tribulaciones) nos hacen fuertes.

Dios no quiere un hijo débil, sino un hijo que pueda pasar por las tempestades, que pueda pasar por las pruebas, un hijo que sabe que Dios está con él y que no hay nada ni nadie que pueda separarnos del amor de Cristo. Esto es lo que Dios quiere que sepamos. Aunque hay muchos problemas en el mundo, eso no importa si tenemos un Dios que puede con todos esos problemas. Este Dios está con nosotros. Él puede hacer mucho más abundantemente de lo que podemos pedir o entender, según el poder que actúa en nosotros.

También me gusta usar la ilustración de los músculos al hablar de la fe. Tenemos muchos músculos en el cuerpo pero cuando estamos sentados no los usamos. No usamos nuestros músculos hasta que tenemos que hacer algo. En ese momento, demostramos lo que hay en nosotros. Con Dios es igual. Él quiere mostrarnos a nosotros, y al mundo, el poder que mora en nosotros, pero no se muestra el poder si todo va en bonanza.

Si usted quiere paciencia, ore por tribulaciones, porque la tribulación produce paciencia y la paciencia esperanza, y la esperanza no trae vergüenza porque el amor de Dios será derramado en su corazón. Podemos estar peleando y luchando y de repente, cuando el amor de Dios fluye en nuestra vida, experimentamos una bonanza, porque el amor de Dios resuelve todo. Y no tendrá fricción con una persona, porque tal vez la persona no cambia, pero usted cambia porque tiene amor. Aun cuando esa persona haya hecho muchas cosas en contra de usted, podrá perdonar y vivir en paz, en bonanza con ella. Esa es nuestra esperanza que sólo es producida por medio de la prueba.

Si somos honestos, diríamos que la gran mayoría de todos nuestros problemas son producidas por nuestras relaciones con otras personas. Usted no tiene problemas con su maleta, ni con algún inmobiliario, estos no provocan problemas. Si la silla no nos puede soportar, esto no nos causa problema. Lo que sí nos causa problemas es si otra persona no nos soporta.

Todos los problemas se levantan con las personas. Pero si amamos a todos, pase lo que pase los vamos a perdonar. Vamos a perdonar cada una de las ofensas. Entonces Dios va a buscar la manera de bendecirnos porque andamos en su mandamiento de amar a nuestro prójimo. Muchas veces no queremos obedecer su mandamiento, no queremos usar el amor sino el enojo y es como si dijéramos: "Señor, pon tu amor a un lado, quiero andar enojado con 'fulano' un rato".

Pero, el actuar así causa que seamos cristianos débiles y no queremos ser cristianos débiles. Y el no enfrentar nuestros desacuerdos, no perdonar, no aceptar a los demás es como el árbol que creció débil. Tienen que venir los vientos y tormentas porque eso nos fortalecerá. ¿Quién se quiere casar con un hombre débil? ¿Quién quiere tener un marido que cuando se requiere levantar algo pesado, mejor busca a otra persona para que lo haga? Nadie, ¿verdad? Tampoco, Dios quiere hijos débiles. Quiere hijos fuertes en la fe y entonces es cuando Dios va a derramar su amor en nuestra vida. Cuando fluye el amor, no hay problemas. Dios nos ama aun cuando estamos débiles aunque Él quiere que estemos fuertes para ganarle al enemigo de nuestra alma, y el amor es el arma más poderosa. ¡El amor echa fuera el temor!

Muchas veces cuando entramos a una prueba grande, decimos: "¡Pero, es una tempestad muy grande!"

"Sí, muy interesante…"

"¡Pero, el barco está dando vueltas!"

"Sí, pero este barco cuenta con Cristo a bordo."

Si recuerda, cuando los discípulos estaban en la tempestad y estaba entrando el agua a la barca, Cristo estaba dormido en la parte de atrás. Cristo no despertó diciendo: "¡Ah fíjese! No sabía que había una tempestad tan grande, perdónenme". ¡Claro que no! Lo que dijo fue: "Hombres de poca fe". Cristo estaba a bordo de la barca, ¿cómo le podría pasar algo a la barca? Él puede hacer mucho más de lo que podemos entender, según su poder que actúa en nosotros. Tengamos fe en la Palabra de Dios. Cuando creemos que el barco se va a hundir, recordemos que Cristo está con nosotros y entonces Él va a mostrar su poder y derramará su amor para arreglar cualquier desacuerdo que tengamos con alguien. Además de todo esto, Cristo entregó su vida por nosotros, cuando éramos débiles.

Algo que quiero dejar con ustedes, que es muy importante es lo siguiente: *"Pues mucho más, estando ya justificados en su sangre, por él seremos salvos de la ira. Porque si siendo enemigos, fuimos reconciliados con Dios por la muerte de su Hijo, mucho más, estando reconciliados, seremos salvos por su vida"* (5:9-10). La muerte de Cristo nos trae toda la salvación que necesitamos. La muerte de Cristo trae el perdón de nuestros pecados, pero si Él nos deja como éramos antes, débiles y pecaminosos, el día de mañana vamos a caer en lo mismo.

Yo he escuchado que dicen que Dios nos está regresando al huerto del Edén, para vivir ahí por la eternidad. Así dicen algunos, pero yo creo que si todos estamos en el huerto del Edén nos van a echar fuera nuevamente porque la humanidad va a pecar otra vez. Cristo vino para salvarnos de nuestros pecados, pero Dios no pudo bendecir al hombre por sus maldades y por eso hubo una propiciación, Jesucristo. Él es nuestra propiciación, que hace posible que Dios nos muestre su misericordia y nos ayude. Cristo es nuestra propiciación para hacer posible que Dios nos bendiga y nos salve. Pero este fue solamente el primer paso.

Primeramente Dios nos limpia de todos nuestros pecados, y tenemos que entender esto. Si no, no vamos a entender la salvación, porque pensamos que es solamente el perdón de los pecados hasta ese día. Pero somos perdonados, y si pecamos otra vez, Dios nos perdona otra vez. Dios sigue perdonándonos cada vez que pedimos perdón. Pero hay algo más también aquí. Una verdad muy importante.

El énfasis que quiero dar está al final del verso 10: *"por su vida"*. No solamente somos salvos por medio de la muerte de Cristo, pero esta frase significa que la vida de Cristo está en nosotros: su naturaleza y su poder. Esta salvación trae reconciliación con Dios, pero hay veces que nos reconciliamos con Dios y al otro día ya estamos ensuciándonos y revolcándonos nuevamente en el pecado. El poder que contiene este evangelio es que es poder de Dios para salvarnos, es el poder de Dios en nosotros. No tenemos que andar atados y revolcándonos en el pecado ya más.

Es la *vida de Cristo* que nos salva. ¿Qué es lo que hace esta "vida"? Esta vida de Cristo derrama el amor de Dios en nuestra vida. Caminamos en el amor con todos y nuestra vida va a triunfar en todas las situaciones. Sí, tendrá tentación o tribulación pero ganará la victoria sobre ellas. Por supuesto tenemos que mantenernos siempre caminando en el Espíritu y en el amor. Existe una parte de nosotros que es carnal y si andamos en lo carnal hablamos cosas duras y no hay perdón. Por eso necesitamos permanecer en el Espíritu, es decir en el amor, para así mostrar la vida de Jesús, el perdón de Jesús y su misericordia en cada una de las interacciones que tengamos con los demás.

Algunas veces la hermana Nola y yo tenemos desacuerdos. Esto no es para menospreciarla, pero muchas veces ella dice cosas que no debe hablar y si yo no reacciono, significa que ando en el amor. Lo que pienso es que tal vez ella no durmió bien, o que está pensando en sus hijos, porque si yo ando con paciencia y con amor, en un rato ella llega y me dice: "Francisco, perdóname por hablarte así." ¿Sabe lo que yo digo? "Todo está bien". Pero si yo reacciono y comienzo a enojarme, vamos a salir mal.

Cada uno tiene su propia responsabilidad para andar en el amor. Pero el problema verdadero en la casa es cuando ninguno de los dos andamos en el amor. Si uno anda en el amor, Dios va a tratar con la otra persona. Si yo ando en el amor, Dios va a tratar con Nola y le va a decir: "¿Por qué le hablas así a un marido tan amable y guapo?". Por supuesto que hay tribulaciones, hay problemas, pero todo sale bien. Hay problemas con otras personas pero podemos esperar y permitir que Dios ponga su amor en nosotros y todo va a salir bien. Somos salvos por *su vida* y si no tenemos esta vida presente en nosotros no vamos a andar bien. Nos vamos a encontrar en derrota.

Para finalizar con este capítulo, Pablo estaba tratando de justificar el asunto de que solamente una persona murió y todos somos justificados. Es decir, Cristo murió y todos somos perdonados. Todo comenzó con uno y todo fue arreglado por uno. ¿Quién comenzó el problema? Adán. Dirá: "¿Qué no fue Eva?" Eva fue engañada, pero Adán tenía los ojos abiertos. Yo lo veo de esta manera: Adán dijo para sí: "Sé que esto es pecado, pero voy a hacerlo de todos modos". Adán tenía la responsabilidad de su esposa. Adán debió de haberle dicho a Eva que no tomara eso porque era contrario al mandato de Dios. Ella fue engañada y cayó en el pecado, pero Adán no reaccionó como Cristo reaccionó cuando nosotros pecamos. Cristo dijo: "Voy a morir por ti", y Adán dijo: "Es culpa de ella".

Ahora, gracias a la obra de Cristo, somos participantes de

la naturaleza divina. Adán era creación de Dios, pero no tenía la naturaleza divina. Si Adán hubiera dicho: "Dios, Eva pecó. Tal vez yo tengo la culpa porque no estaba cuidándola y enseñándola bien; yo quiero llevar la culpa de ella", estuviéramos viendo esta naturaleza divina. Hubiéramos dicho que éste era un verdadero varón de Dios, pero no fue así, ¿verdad?

En este capítulo cinco se nos enseña que no es malo que solamente uno muriera por todos, porque sólo fue uno el que trajo problemas a todos. Porque ahí fue cortada la presencia de Dios, de Adán y Eva y de toda su descendencia. Ya no nacieron los descendientes de ellos con la presencia de Dios en su vida, sino que nacieron con la naturaleza de Adán y de Eva, es decir con una naturaleza pecaminosa, porque estaban separados de la presencia de Dios.

Cristo vino y murió por nosotros reconciliándonos con Dios y no solamente quitó el pecado, sino que también nos adoptó como sus hijos sembrando en nosotros su Espíritu. Por medio de su Espíritu se derrama su amor en nuestra vida, y cuando el amor de Dios está en nuestra vida todo sale bien en el trabajo, en la escuela, en la iglesia. ¿Puede imaginarse una iglesia donde todos se amaran los unos a los otros? Yo he conocido a personas que han invitado a otros a comer y las otras personas no aceptan porque no hay amor, porque no se perdonan el uno al otro.

Pablo enseña un mensaje muy claro y sencillo: Como el hombre fracasó completamente en guardar la ley, ahora toda la responsabilidad la ha tomado Dios. Él va a limpiar nuestros pecados. Él va a sembrar su amor en nuestro corazón y también va a escribir sus leyes en nuestro corazón y las va a poner en nuestra mente. Y todo es porque Dios lo hace.

CAPÍTULO SEIS
DE ROMANOS

E N ESTE CAPÍTULO, comienza a hablar un poco de la vida práctica de la gracia.

"¿Qué, pues, diremos? ¿Perseveraremos en el pecado para que la gracia abunde? En ninguna manera. Porque los que hemos muerto al pecado, ¿cómo viviremos aún en él?" (6:1-2).

Me gusta decir que Dios hizo algo sin nuestro permiso: Cuando Cristo fue clavado en la cruz, Él nos puso también ahí. Es decir que nosotros fuimos clavados en la cruz y Dios no nos pidió permiso. Él hace todo lo que Él quiere. Nosotros tenemos que entender que estamos crucificados, que la naturaleza pecaminosa está crucificada. Por esta razón, sí podemos vivir una vida "muertos" al pecado.

La señal de que hemos recibido, por fe, la obra que Cristo hizo en la cruz es primero creer y confesar, y después ser bautizados. Como lo explica él: *"¿O no sabéis que todos los que hemos sido bautizados en Cristo Jesús, hemos sido bautizados en su muerte?"* (Romanos 6:3). El bautismo es sepultándonos en el agua; sepultando el viejo hombre de pecado. ¡Estas son buenas noticias! Ya no tenemos que vivir encadenados por nuestra naturaleza pecaminosa. Podemos vivir una vida libre del poder del pecado sobre nosotros.

En Durango, al final de los campamentos juveniles que

organizábamos, se realizaba un culto de bautismo porque muchas de las iglesias en nuestra asociación no tenían la manera de bautizar en agua. Como la propiedad donde se hacía el campamento estaba al lado de un río, hacíamos los bautismos allí (cuando todavía tenía agua y estaba limpia). En una ocasión, hace como veinte años o más, unas muchachas estaban platicando, y una decía: "Yo no me voy a bautizar, porque tengo que dejar todo lo malo. Tengo que dejar de ir al cine y a los bailes, y además tengo que dejar de tomar." En la actualidad muchos cristianos van al cine, pero antes los cristianos no iban ni al cine ni a los bailes. Pero esta muchacha decía "no puedo ir al cine, no puedo ir a los bailes". Entonces mi hijo Marcos, ya sabía lo que estaba pasando, y vino conmigo y me relató lo que había escuchado.

Yo me acerqué a estas señoritas, y les dije que me gustaría que asistieran a la reunión que teníamos antes del bautismo para todos lo que querían bautizarse. Ellas pusieron como excusa que les tocaba lavar los platos, pero les aseguré que buscaríamos a otras personas que lo hicieran.

Cuando llegó la hora de la reunión, no sabía qué iba a hacer para confrontar estas ideas erróneas. Me levanté y comencé a decir: "Aquí algo huele mal", y todos comenzaron a mirarse. Ya tenía la atención de todos. Y continué diciendo: "Cuando hay un cuerpo muerto, podemos tenerlo durante dos días, pero después de cuatro días comienza a tener un olor feo, además contamina todo lo que esté cerca. Por eso lo enterramos.

Cuando nos entregamos al Señor, pasa lo mismo y nuestra vieja naturaleza pecaminosa es crucificada junto con Cristo. ¿Qué haremos con este cuerpo de muerte cuando comienza a oler feo? Pues Dios nos ha dado un plan para sepultar al viejo hombre de pecado, y se llama el bautismo en agua. Algunos de ustedes tienen días o aun meses, llevando consigo el antiguo cuerpo del pecado. Creo que es el momento para enterrarlo".

Continué con la plática y dije: "Algunos de ustedes tienen años cargando este viejo cuerpo del pecado". Aunque el bautismo es un simbolismo de la sepultura del viejo hombre de pecado, hay que sepultarlo y resucitarse en vida nueva. El bautismo es un símbolo de lo que ya tenemos a Cristo Jesús. Entre las personas que estaban ahí, había un señor que durante años ya le había hablado sobre su necesidad de bautizarse. Yo no lo estaba presionando porque él era muy buen amigo mío, pero al final de todo, estas dos hermanitas fueron bautizadas, además de unas diez personas más, entre ellos mi amigo.

Ya no andemos con aquel muerto, hay que enterrarlo y seguir en todo lo nuevo que Dios tiene planeado para cada uno de sus hijos. Dios no nos deja en muerte. Recuerden que su obra siempre es completa. Su plan es que muramos, pero también que resucitemos a una vida nueva.

> *"Porque somos sepultados juntamente con él para muerte por el bautismo, a fin de que como Cristo resucitó de los muertos por la gloria del Padre, así también nosotros andemos en vida nueva" (6:4).*

Tenemos una vida nueva. Ya no somos débiles sino que somos fuertes. Fuertes para vivir en santidad y sin pecado. Me gusta decir que los muertos no pecan; no roban bancos, no adulteran, no mienten, no matan. Si nos consideramos verdaderamente crucificados en la carne, juntamente con Cristo, no andaremos más en el pecado. Pero si por alguna razón fallamos y pecamos, tenemos la sangre de Cristo para limpiarnos y ayudarnos a seguir adelante en la santidad de la vida. Pero no continuaremos viviendo en los hábitos del pecado, porque un muerto no peca.

Cuando viene Satanás para tentarnos debemos decirle: "Oh no. Yo no puedo, porque estoy crucificado juntamente con Cristo y Él está en mí. ¿Quieres hablar tú con Él, con Cristo?" Por supuesto que no querrá hablar con Cristo porque sabe que Cristo ¡ya ganó la victoria! Y esa misma victoria también la podemos disfrutar usted y yo.

Es un acto de fe. Muchas veces estamos tan dispuestos a confesar mentiras en lugar de confesar la verdad, que nos derrotamos a nosotros mismos. Por ejemplo, cuando decimos: "Ay, yo no puedo vencer el pecado. Yo necesito ensuciarme un poquito porque no hay nadie perfecto". Estamos confesando algo que no es la verdad y estamos abriendo la puerta para la obra de Satanás. Pero, Dios dice que debemos ser perfectos y que debemos dejar de pecar. ¿Cómo logramos esto? ¿Será que Dios está jugando con nosotros, pidiéndonos algo que es imposible? Claro que no.

> *"Sabiendo esto, que nuestro viejo hombre fue crucificado juntamente con él, para que el cuerpo del pecado sea destruido, a fin de que no sirvamos más al pecado"* (6:6).

La palabra "fue" es algo que ya pasó. Es decir que el verso nos dice que el viejo hombre ya "fue" crucificado, y significa que el viejo hombre ya fue crucificado. ¿Qué nos toca hacer a nosotros? Creer. Los que creen serán salvos. Aunque el enemigo sea fuerte, y trate de dominar nuestra vida tenemos que recordar que "...*mayor es el que está en vosotros, que el que está en el mundo*" (1 Juan 4:4). También necesitamos recordar que "...*Aquel que es poderoso para hacer todas las cosas mucho más abundantemente de lo que pedimos o entendemos, según el poder que actúa en nosotros"* (Efesios 3:20). Cristo vive en nosotros y nos da el poder para vencer la tentación y puede hacer todas las cosas mucho mejor de lo que podemos pedir o entender. Ya no somos siervos, esclavos del pecado. ¡Somos libres en verdad!

No somos presos del pecado, ya fuimos crucificados y esto mata al pecado. Nosotros ya no vivimos, porque nuestro viejo hombre ya fue crucificado juntamente con Cristo. No diga que usted no se siente de una y otra manera, porque la vida cristiana no es por sentimientos. Si andamos por sentimientos vamos a tener problemas serios. A veces sentimos algo y después no sentimos nada y eso puede afectar lo que creemos y sabemos. Sabemos que somos salvos. Sabemos que somos crucificados. Sabemos que el pecado no va a dominar nuestra vida. ¿Cómo lo sabemos? Porque Romanos 6:6 dice: *"Sabiendo esto, que nuestro viejo hombre fue crucificado juntamente con él, para que el cuerpo del pecado sea destruido…"*. Lo sabemos aunque no siempre lo sentiremos. Eso es nuestra fe puesta en práctica.

Este es el plan de Dios para nuestra vida, para que ya no sirvamos más al pecado. ¿Qué es el pecado? El pecado es la desobediencia a Dios y ¿qué es lo que nos ha dicho Dios que hagamos? Bueno, una de las más importantes es amar a nuestro prójimo. Hay que entender que los mandamientos de Dios no son difíciles ni complicados, sino al contrario, si los seguimos, quitan todos nuestros problemas, quitan los problemas en la casa, en el trabajo, en la escuela, quitan los problemas en la iglesia. ¿Puede imaginarse un mundo donde todos andan en amor? No me refiero solamente a estarse abrazando y besando, sino en amor, como lo describe el apóstol Pedro: *"…para el amor fraternal no fingido, amaos unos a otros entrañablemente, de corazón puro"* (1 Pedro 1:22). Obedezcamos su mandamiento.

Por ejemplo, hoy en día se practica o se tiene la costumbre de saludar con un beso en la mejilla. Yo no estoy predicando en contra de esto, ni a favor, sólo estoy dando un ejemplo. Pero lo que quiero decir es que este beso debe ser sincero, debe ser un beso con amor. Pero cada país es diferente y tiene sus prácticas y su cultura. Quizá en uno, si no se han visto por veinte años, cuando se encuentran se saludan de la mano y quizá si se sienten muy efusivos, se darán un abrazo. En otros lugares, si no ha visto a la persona durante escasos minutos y no la vuelve a saludar, y de beso, pensarán que están molestos. Cada cultura es diferente, pero Dios no vino para cambiar las culturas (si no son pecaminosas) pero sí vino a cambiarnos para que hagamos todo en amor. El amor resuelve todos nuestros problemas.

Para amar como debemos, es necesario que el viejo hombre muera junto con sus deseos y deudas, y luego la justificación de Cristo nos hará vivir pero para él. Como dice Pablo:

> *"Porque el que ha muerto, ha sido justificado del pecado. Y si morimos con Cristo, creemos que también viviremos con él; sabiendo que Cristo, habiendo resucitado de los muertos, ya no muere; la muerte no se enseñorea más de él. Porque en cuanto murió, al pecado murió una vez por todas; más en cuanto vive, para Dios vive. Así también vosotros consideraos muertos al pecado, pero vivos para Dios en Cristo Jesús, Señor nuestro"* (6:7-11).

Yo fui contador por muchos años y existen ciertas palabras claves al revisar las cuentas que uno ha estado haciendo. Palabras como "pagado", "perdonado", "se debe", entre otras, pero aquí leemos unas palabras que valen mucho más que cualquier palabra de contabilidad y son: "consideraos muertos al pecado". Si usted abre su libro de contabilidad espiritual y escribe "muerto al pecado" es una declaración poderosa de la obra de Cristo en su vida. El pecado ya no tiene poder sobre usted; ya no le debe nada al hombre pecaminoso. Hay que llenar todas las páginas con estas palabras "muertos al pecado".

De esta manera, cuando sienta que el pecado le está dominando y le está causando muchos problemas, confíe en estas palabras "muertos al pecado". La única manera en que el pecado va a dominar nuestra vida es por no creer estas palabras. Dios no va a responder a nuestra necesidad sino que Él va a responder a nuestra fe. Para ser más claro en esto quiero decir que todos "necesitamos" la salvación, pero solamente los que "creen" serán salvos. Los que declaran que Dios no es mentiroso, y que Cristo murió por nosotros, que Él es el Señor de nuestra vida, que somos crucificados y que ya no vivimos nosotros sino que ahora Cristo vive en nuestra vida. Ellos son los que serán salvos. Los que cada día anotan en su libro de contabilidad espiritual "estoy muerto al pecado", de esta forma serán libres del pago del pecado.

Y si no entendemos esta ilustración de la muerte, entonces el autor lo describe de otra manera: *"No reine, pues, el pecado en vuestro cuerpo mortal, de modo que lo obedezcáis en sus concupiscencias"* (6:12). ¿Cómo podemos hacer esto? Por medio de nuestra fe. La Biblia dice en 2 Pedro 1:4 que *"...nos ha dado preciosas y grandísimas promesas, para que por ellas llegaseis a ser participantes de la naturaleza divina"*. Ya he venido hablando un poco de esto, pero al creer las promesas y declararlas como verdad en nuestra vida, la obra milagrosa de vida en lugar de muerte comienza y hasta llegamos a ser participantes de su naturaleza que es sin pecado, perfecto en amor, misericordioso y amplio en perdón. Podemos entonces seguir sus pasos.

También el pacto que tenemos con Dios dice: *"Por lo cual, este es el pacto que haré con la casa de Israel. Después de aquellos días, dice el Señor: Pondré mis leyes en la mente de ellos, y sobre su corazón las escribiré"* (Hebreos 8:10). Entonces, ¿qué vamos a hacer cuando llegue el pecado? Vamos a decir: "Señor, tú prometiste poner tu naturaleza en mí y escribir tus leyes en mi corazón. Estoy confiando en ti y no en mí mismo para salir bien y no caer en el pecado".

Si estamos confiando en Dios, ¿Él nos va a permitir caer? ¡No! ¡Nunca! Pero tenemos que confiar en Él cada día. Solamente Dios puede salvarnos, solamente Él pone su amor en nuestro corazón y este amor es la respuesta para todo, porque no vamos a robarle a alguien que amamos, no vamos a cometer adulterio si amamos a nuestra esposa o esposo. El amor le guardará de cometer pecado y lo mantendrá en el camino de la justicia de Dios.

Hace poco yo estaba en un taller de autos donde había llevado mi auto para una reparación. Ahí estaba sentado un grupo de hombres y no se imagina las conversaciones que tenían. Hablaban solamente de las mujeres, y uno comenzó a hablar de "su adulterio". Él comentaba de sus otras mujeres y yo le dije: "A ver, espere señor, ¿usted está diciendo que va a acostarse con una mujer que no es su esposa, y que después va a regresar con esta mujercita que dio a luz a sus hijos, que cuida su casa, que hace su comida todos los días, que lava su ropa y que también es su amante, y que va a acostarse con ella y tal vez pasarle una enfermedad que recibió de la otra mujer?" No me pudo responder nada. ¿Sabe por qué no hubo respuesta? Porque el pecado no tiene razón. El pecado es una locura. Y hablando del amor, si amamos a nuestra esposa o esposo, no vamos a andar con otra mujer o con otro hombre. Por eso insisto que el amor es la respuesta para todo.

Entonces que no reine el pecado en nuestros cuerpos carnales y de esta forma vamos a andar en el amor. Pero donde está el pecado, el amor no puede seguir existiendo, y lo opuesto también es cierto.

Debemos considerarnos muertos al pecado. No debemos levantarnos en las mañanas con el miedo de que vayamos a pecar. Al contrario, debemos levantarnos con la seguridad de que *"mayor es Él que está en nosotros que el que está en el mundo"* (1 Juan 4:4), y Él que está en nosotros puede hacer mucho más de lo que podemos pedir o entender (Efesios 3:20). Vamos a confesar esto cada día y ponerlo en nuestro libro de contabilidad espiritual: "Estoy muerto al pecado y ya no vivo yo pero vive Cristo en mí". Así seremos libres del pecado y ya no podrá reinar en nuestros cuerpos aquellos deseos y hábitos pecaminosos.

La vida cristiana es una vida de fe, entonces por fe vamos a crucificarnos. Los muertos no pecan. Estamos viviendo ahora por fe en la fuerza del Espíritu Santo y su obra de renovación. Cuando dejamos de andar por fe, caemos en lo carnal y pecamos, y hay un solo remedio cuando esto sucede: confesar nuestro pecado y regresar al Espíritu, no permitir que el pecado reine en nuestra vida.

Dejar de pecar también involucra nuestra voluntad. Por supuesto que Dios hace una obra milagrosa en nuestro corazón, pero cada día tenemos que decidir caminar en la verdad de vida nueva. Por eso Pablo nos insiste:

"Ni tampoco presentéis vuestros miembros al pecado como instrumentos de iniquidad, sino presentaos vosotros mismos a Dios como vivos de

entre los muertos, y vuestros miembros a Dios
como instrumentos de justicia" (6:13).

Esto me dice que no debemos tentar a Dios con el pecado.
Por ejemplo, decir: "Voy a ver pornografía, porque Dios está
en mí y Él me va a proteger de caer en pecado". La pornografía
tal vez no es mucho problema para las mujeres, aunque lo es,
pero para los hombres parece ser un problema mayor. Yo he tenido ministros sentados en mi oficina diciéndome: "Hermano
Francisco, yo estaba atado por la pornografía en Internet". Esto
le puede suceder a cualquiera y causa que las personas caigan
en el pecado. Así que no piense que Dios lo cuidará de caer si
usted ha tomado una decisión que lo pone en peligro.

El cine también puede ser un problema. Yo no estoy diciendo que no debemos ir al cine, pero tampoco estoy diciendo
que vaya a los cines. ¿Sabe por qué yo no voy al cine? Porque yo
sé que en las películas hay un 90% de basura. Yo puedo tener
mucho cuidado y hacer una investigación para ir a un cine, y ver
películas sanas, pero como pastor también tengo que saber que
hay personas viendo lo que hago. No quiero pensar en la posi-
bilidad de alguien que tenga un problema con ver películas no
sanas verme entrar al cine y así utilizar mi asistencia a una película sana como excusa para ver alguna basura. Esa es mi convic-
ción y yo no voy al cine por amor a otras personas, la Biblia dice
en 1 Corintios 13:5 que *"el amor no busca lo suyo".*

Ahora, este principio se puede aplicar a muchas cosas de
la vida. Pablo dijo que él no iba a comer carne que había sido
sacrificada a los ídolos, aunque sabía que los ídolos eran pura
madera y que no hay otro Dios, pero dijo en efecto: "Yo no
voy a hacerlo si eso ofende a mis hermanos, o si es causa de

tropiezo para mi hermano porque le amo y sé que el amor edifica y no perjudica" (lea 1 Corintios 8).

Presentemos cada parte de nuestro ser a Dios. Al decir que presentamos nuestro cuerpo, estamos hablando de todo, del alma, del corazón, del cuerpo, del espíritu, del cerebro, todo. Y de esta manera Él nos podrá usar como instrumento de justicia, de hacer las cosas según su mandamiento. Algunos preguntarán: Pero ¿por qué vamos a presentar todo nuestro cuerpo, todo nuestro ser al Señor? Vamos al verso 14, que es el corazón del capítulo 6: *"Porque el pecado no se enseñoreará de vosotros; pues no estáis bajo la ley, sino bajo la gracia"*. Vamos a presentarnos al Señor porque de esta manera el pecado no se enseñoreará de nosotros. Seremos libres del poder que ejercía el pecado sobre nosotros cuando aún éramos sus esclavos.

Yo crecí en una familia cristiana, pero cuando era adolescente me aparté y pasé los siguientes doce años en el mundo. Al paso del tiempo, yo comencé a sentir un deseo de servir al Señor y comencé a ponerme en el camino del cristianismo, pero con mi propia fuerza. Decía: *"Yo* voy a servir al Señor con todo mi corazón. *Yo* voy a ser más espiritual que todos los demás".

Pensaba de esta manera cuando asistí a la escuela bíblica. La escuela tenía una regla que era prohibido tener novia(o) durante el primer año de estudios. Pero yo veía que algunos no obedecían esta regla y comenzaban una relación de noviazgo de todos modos. Ah, pero ¡*Yo* no! *Yo* era un santito de santos.

El problema con esto es que yo estaba viviendo en mi propia justicia. Y a raíz de esta autojustificación y la lucha que esto trae, caí en un desierto espiritual por años. ¿Qué sucedía? *Yo* no quería regresar al mundo, *yo* quería servir al Señor pero lo estaba haciendo en mi propia fuerza, luchando para hacer las cosas bien y ser un santito, ser el más santo de todos. Pensaba: "Ellos

pueden andar como medios cristianos, pero yo voy a estar 100%
dedicado al Señor". Lo quería hacer todo yo, en mi propia fuerza
y Dios me dejó luchar, resistir, caer y volver a luchar. Pero un
día, mi pastor comenzó a predicar del capítulo seis de Romanos
y cuando pude ver y escudriñar este capítulo, algo pasó en mi
espíritu. Pude entender que no era salvo por mis esfuerzos sino
por la gracia de Dios. Fue algo muy liberador para mí.

Durante ese tiempo mi mamá tuvo un sueño, donde ella veía
un pelícano en el desierto. Este pelícano estaba muriendo de sed,
por lo seco del desierto. Todos sabemos que los pelícanos no son
aves del desierto, sino del mar. ¿Qué hacía un pelícano en el desierto? Bueno, mi mamá estaba preocupada por mí, porque me
veía luchando por cumplir con las reglas y tratando de hacer lo
mejor. Ella no me veía feliz, como cuando yo estaba en el mundo.
Ella me veía preocupado por tratar de luchar con todas las cosas.
Entonces ella relacionó a este pelícano conmigo. Cuando ella me
contó este sueño yo pude ver lo que estaba pasando. Yo estaba
viviendo bajo la ley, luchando con mi propia justicia, tratando
de ser alguien que no era. Como aquel pelícano que no era un
ave del desierto sino un ave de mar, yo no debía luchar con mi
propia fuerza por estar en un lugar equivocado, sino gozar de la
paz y la tranquilidad que nos produce el ser un hijo de Dios, y
dejar de luchar en nuestra propia fuerza, por nuestra propia justicia. Reconocí que yo era el pelícano tratando de vivir con mi
propia justicia.

Nosotros queremos estar bien –pero somos malos y es muy
difícil confesar que somos malos– para poder recibir la justicia de Dios. Pero mientras usted ande en su propia justicia, el
único lugar para tener su propia justicia es bajo la ley, luchando
por ser un santito y luchando por andar bien y ser un buen cristiano. ¡Deje esa batalla! Es la obra de Cristo en nuestra vida la

que nos va a hacer buenos. Él nos perdonó y también pone el poder vivir bien en nosotros. Pero no se confunda.

No es por tener el perdón que ya automáticamente vamos a andar bien. Tenemos que permitir que Dios ponga su Espíritu en nosotros, que ponga su naturaleza y su presencia en nosotros. Eso es lo que nos hace buenos. Nosotros tenemos que estar crucificados, porque de otra manera no hay esperanza para el hombre pecaminoso. Dios nos puso en la cruz juntamente con Cristo para que fuera destruido el viejo hombre de pecado para que pudiéramos andar con Cristo en una vida nueva. Y sin olvidar que toda la honra, la gloria y toda la obra es de Él y no de nosotros.

Cuando yo comencé a ver las verdades de Romanos 6 como *"consideraos muertos al pecado"*, reconocí que yo estaba luchando por no pecar. Luego empecé a entender y creer que somos muertos al pecado. Sin embargo el hecho de que somos muertos al pecado no significa que vamos a presentarnos ante las cosas malas, pensando que Dios nos va a proteger. Como mencioné antes con el ejemplo de la pornografía. No se presente ante el pecado, más bien corra en la otra dirección hacia el trono de la gracia, y preséntese allí. Debemos decir: "Señor voy a presentarme a ti, porque tú estás guardándome del pecado y el pecado no va a dominar mi vida. Voy a servirte hoy porque el pecado no se enseñoreará de mí".

A veces la palabra "no" es horrible y no nos gusta. Pero en este caso el "no" es bueno porque dice: "no *se enseñoreará de vosotros*". Este "no" es un hecho. Tenemos pacto con Dios. Ya no tenemos que sufrir. Cuando vengan las tentaciones vamos a triunfar porque mayor es el que está en nosotros que el que está en el mundo, y ese poder sobrepasa cualquier tentación o prueba. El pecado NO se enseñoreará de nosotros.

Por otro lado, también quiero decirle que si usted quiere, puede pecar. No estamos atados, si queremos tenemos la libertad de pecar. Dios nos ha hecho hijos no esclavos. Pero si nos sujetamos al pecado somos esclavos del pecado. En 1 Juan 3:8 dice que *"El que practica el pecado es del diablo..."*. No tenemos que pecar, pero en ocasiones, por no cuidarnos bien, todos somos culpables. Pero tenemos la sangre de Cristo para perdonarnos inmediatamente y podemos caminar mano a mano con Dios. El pecado es esclavitud.

> *"Pero gracias a Dios, que aunque erais esclavos del pecado, habéis obedecido de corazón a aquella forma de doctrina a la cual fuisteis entregados; y libertados del pecado, vinisteis a ser siervos de la justicia. Hablo como humano, por vuestra humana debilidad; que así como para iniquidad presentasteis vuestros miembros para servir a la inmundicia y a la iniquidad, así ahora para santificación presentad vuestros miembros para servir a la justicia" (6:17-19).*

Ahora estamos sirviendo a Dios de manera voluntaria. Cuando usted y yo tomamos la decisión de obedecer con todo la doctrina que se nos enseña en este libro tan precioso, la doctrina de la salvación por fe, entonces nos volvemos siervos de la justicia. De manera voluntaria nos debemos presentar al Señor para que utilice todo lo que somos para servirle.

"Porque cuando erais esclavos del pecado, erais libres acerca de la justicia. ¿Pero qué fruto teníais de aquellas cosas de las cuales ahora os avergonzáis? Porque el fin de ellas es muerte" (6:20-21). ¿Usted no tiene cosas en su vida que hizo antes de ser cristiano, y que ahora no quiere hablar de ellas porque es

vergonzoso? Ahora, cada día debemos andar con este pensamiento: "No tengo vergüenza de lo que hice ayer y espero no tener vergüenza de lo que voy a hacer hoy o mañana". Si usted todavía no se considera muerto al pecado, es importante hacerlo, porque así podrá estar vivo para la justicia. El pecado nos ciega a la justicia de Dios, pero recuerde que Cristo derrama su vida en usted y le libera del poder y muerte que producía el pecado. Cada día podemos caminar sin pena, sin vergüenza gracias a esta nueva vida. Lo viejo ya pasó, y lo nuevo ha venido. Caminaremos en rectitud, no porque somos perfectos, sino porque andamos por fe y no por vista.

Si usted dice que desde que se hizo cristiano ha tenido muchos problemas y ha fallado cada día, que no anda bien, aunque usted quiere andar bien no ha podido, algo está mal. Si usted dice que a pesar de que usted quiere obedecer a Dios, nada le sale bien, usted está luchando en su propia fuerza. ¡Deje la batalla! Mejor diga: "Señor, si tú no me ayudas y no siembras en mi vida tu naturaleza, tu justicia y tu amor, voy a caer. Sin ti no puedo hacer nada. Pero estoy confiando en ti y en el pacto que hiciste conmigo de escribir tus leyes en mi mente y en mi corazón, y el pecado no se enseñoreará de mí". Tenemos que declarar y creerlo, sólo de esa forma lo viviremos.

Hay una enseñanza muy popular hoy en día, una enseñanza muy triste, sobre el cristiano y la confesión. Es triste porque nos enseña a confesar las cosas equivocadas. Por ejemplo, nos enseña a decir: "Estoy confesando que Dios me va a dar un carro del año", y nos dicen que está asegurado ese carro. Pero, le pregunto: ¿Dónde dice esto en la Biblia? Esto no se encuentra en la Biblia. Pero lo que sí encontramos son verdades y principios sobre las cuales podemos edificar nuestra vida. Verdad como lo es que *"el pecado no se enseñoreará de vosotros"*. Esa es la Palabra de Dios y Dios va a respaldar su palabra. Él promete cumplir su Palabra jamás prometió cumplir sus imaginaciones y sus deseos.

Lo que Dios sí cumple es la promesa de nunca dejarnos ni abandonarnos, la promesa de suplir cada una de nuestras necesidades conforme a sus riquezas, de darnos sabiduría cuando le pidamos, de fortalecernos por su Espíritu para serle testigos en todo el mundo, promete llevarnos a vivir con Él si no desmayamos, promete proteger nuestra vida. ¿Ve cómo hay muchas promesas en su Palabra de las cuales nos podemos tomar y tener la plena confianza de que serán cumplidas?

La Biblia es preciosa y llena de todo lo que necesitamos para saber cómo vivir, pero muchas veces queremos sacar un poco de aquí y otro poco de allá y mezclar lo que está diciendo. ¡Esto es un error! No es la verdad. Por ejemplo: Dios sí promete suplir todas nuestras necesidades, pero también nos enseña que debemos ser generosos y necesitamos trabajar. Pablo dice en 2 Tesalonicenses 3:10: *"…Si alguno no quiere trabajar, tampoco coma"*. Si no quiere trabajar, está bien, pero entonces no debe comer. Está clarísimo este principio, ¿verdad? Dios es un Dios de orden y quiere que estudiemos su Palabra en su contexto. Tenemos que interpretar correctamente la Palabra de Dios. La confesión es un instrumento fuerte en la vida del cristiano, pero debemos confesar lo que dice la Biblia, por ejemplo: "el pecado no se enseñoreará de mí", y no las cosas que no están en la Biblia.

Dios está con nosotros y quiere suplir nuestras necesidades pero necesitamos andar con Él, obedeciéndole. ¿Cuál fue el mayor mandamiento que Jesús nos dejó? Amar a nuestro prójimo. El amor lo llevará a presentarse al Señor para cualquier obra de justicia. También le ayudará a vivir en paz con todos los hombres, y su vida será marcada por su fe y las obras que ella producirá para gloria y honra de Dios.

CAPÍTULO SIETE
DE ROMANOS

En Romanos 7, vemos al apóstol Pablo viviendo bajo la ley. ¿Antes o después de su encuentro con Jesús? No importa, la cosa es que él está luchando bajo la ley. Tal vez él cayó en la misma trampa en la cual yo caí, de tratar de servir en su propia justicia: "Señor yo voy a servirte con todo mi corazón, con todas mis fuerzas". Al final Dios es el que tiene que hacer la obra y no uno mismo. La Biblia dice en Filipenses 2:12-13: *"...ocupaos en vuestra salvación con temor y temblor, porque Dios es el que en vosotros produce así el querer como el hacer, por su buena voluntad"*. Así, pues nos animamos a buscar toda la obra de Cristo en nuestra vida y no buscamos hacer esta y otra obra para "quedar bien" o para agradar el Señor.

El primer pensamiento de Pablo acerca de la ley es el efecto que tiene la ley cuando uno se haya sometido a ella:

> *"¿Acaso ignoráis, hermanos (pues hablo con los que conocen la ley), que la ley se enseñorea del hombre entre tanto que éste vive?" (7:1).*

Si usted está vivo, quiero decirle que las leyes le afectan a usted. Por ejemplo, si conduce su auto por encima del límite de velocidad establecida por la ley y algún oficial lo detiene, sufrirá la consecuencia de desobedecer esa ley. Cuando las leyes se aplican, aquel que esté sujeta a ellas será afectado, y

es posible que también sufra las consecuencias por cualquiera
infracción.

Y estas leyes civiles afectan cada área, casi, de su vida. Aun
la relación matrimonial:

> *"Porque la mujer casada está sujeta por la ley
> al marido mientras éste vive: pero si el marido
> muere, ella queda libre de la ley del marido" (7:2).*

La ley determina cuándo se anula el pacto de matrimonio:
la muerte. La ley no es difícil de entender, sólo difícil de seguir.

Sigue utilizando este ejemplo del matrimonio para ilustrar
cómo los judíos han quedado libres del pacto anterior y ahora
pueden entrar en un pacto mejor:

> *"Así que, si en vida del marido se uniere a otro
> varón, será llamada adúltera; pero si su marido
> muriere, es libre de esa ley, de tal manera que si se
> uniere a otro marido, no será adúltera. Así tam-
> bién vosotros, hermanos míos, habéis muerto a la
> ley..." (7:3-4).*

La ley no es mala pero sí tiene sus requisitos, pero ya estamos muertos a la ley. Ahora estamos crucificados con Cristo
y la ley no tiene nada que decirnos. Somos muertos y crucificados. ¿Qué más puede hacer la ley? Ya no estamos bajo la ley,
estamos libres de la ley y es con un solo propósito: Casarnos
con otro hombre. Este hombre es Cristo.

Ahora Pablo llega a la conclusión de su argumento y vemos
la sencillez de nuestra situación:

*"Así también vosotros, hermanos míos, habéis
muerto a la ley mediante el cuerpo de Cristo, para
que seáis de otro, del que resucitó de los muertos,
a fin de que llevemos fruto para Dios" (7:4).*

Dios cumplió con la ley al considerarnos crucificados
juntamente con Jesús (la paga del pecado es muerte), por lo
mismo quedamos libres del dictamen de ella. Estamos como
una mujer viuda que al morir su marido, no tiene que obedecer sus instrucciones ya más. De esa misma manera nosotros morimos a la ley y ahora la ley ya no tiene nada que
decirnos. De lo que estos versos están hablando es de la naturaleza pecaminosa del viejo hombre de pecado que ahora se
considera muerta, y que ahora somos libres para casarnos con
otro: Cristo. ¿Puede imaginarse, mujer, casada con un hombre
y que ese hombre la maltrate? ¿O que ese hombre la obligue a
hacer cosas que usted no quiere? Cuando este hombre muera,
usted queda libre para casarse otra vez, pero no casarse con
cualquiera sino con un buen hombre que la ame y la guíe en
la senda de justicia. Así es el cristianismo, ya estamos libres
para casarnos con un buen hombre. La naturaleza pecaminosa queda crucificada y podemos casarnos con Cristo y permitir que Él nos guíe, que nos fortalezca y que viva una vida
plena y llena de bendición en nosotros.

Enseguida, Pablo utiliza otra imagen para seguir explicando la verdad de nueva vida en Cristo. La imagen que usa
es la de esclavitud o servidumbre:

*"Pero ahora estamos libres de la ley, por haber
muerto para aquella en que estábamos sujetos, de*

> *modo que sirvamos bajo el régimen nuevo del Es-*
> *píritu y no bajo el régimen viejo de la letra" (7:6).*

Hay un nuevo rey en nuestra vida; un nuevo régimen.

Antes, la ley nos dictaba: "Haz esto, esto y esto y si no lo haces… ¡la muerte!". Pero Dios ya tiene un plan nuevo: Él nos crucificó junto con Cristo. Cristo murió por nosotros para llevar nuestras culpas pero también fuimos crucificados para no seguir más en el pecado. Es importante saber que perdonar a alguien es una cosa y cambiar su vida es otra muy diferente. Usted puede perdonar a alguien, pero eso no significa que ya va a andar bien. Nosotros fuimos crucificados con Cristo para no andar mal otra vez. Él murió por nosotros para quitar la culpa y fuimos crucificados para ya no caminar y seguir en pecado sino todo fue para poder casarnos con Cristo y ser nacidos de nuevo.

> *"¿Qué diremos, pues? ¿La ley es pecado? En ninguna*
> *manera. Pero yo no conocí el pecado sino por la*
> *ley; porque tampoco conociera la codicia, si la ley*
> *no dijera: No codiciarás. Mas el pecado, tomando*
> *ocasión por el mandamiento, produjo en mí toda*
> *codicia; porque sin la ley el pecado está muerto"*
> *(7:7-8).*

Usted puede tener un niño y dejarlo hacer todo lo que quiera. No hay rebelión, no hay desobediencia porque usted no le ha marcado los límites ni lo que no debe hacer. Usted no le aplica ni le enseña la disciplina.

Algunas personas tienen la filosofía que a los niños hay que enseñarles a pecar, porque ellos son muy buenos y "nobles" por naturaleza. Jamás le ha dicho a su hijo: "Hijo, no has pecado hasta ahora, pero voy a enseñarte a pecar", ¿verdad? ¡No! Ellos nacen pecadores. Si usted le dice "No toque eso" lo primero que hace el niño es tocar eso. Si usted no le dice nada, el niño no es culpable de nada. Él puede romper todas las cosas en la casa sin ninguna culpa, pero si usted le dice que "no" y el niño, y en cuanto usted se voltea sigue haciendo esas cosas que usted le instruyó a no hacer, el niño está mostrando su rebelión, está poniendo en evidencia su pecado. La ley de Dios es igual. La ley es aquello que nos muestra en dónde hemos fallado, en qué hemos pecado.

La ley no produjo justicia en nuestra vida, sino que nos muestra cuando hay pecado, cuando hay rebelión. Si uno no conoce las leyes, no hay culpa. Sin embargo, cuando llegó la ley sí hubo entonces culpa. Yo viví sin la ley un tiempo, pero cuando llegó el mandamiento, el pecado revivió y yo morí. La ley fue mandada para hacernos justos pero también para condenarnos y ponernos bajo el juicio de Dios.

Creo que todos nos podemos identificar con los siguientes versos:

> *"Porque sabemos que la ley es espiritual; mas yo soy carnal, vendido al pecado. Porque lo que hago, no lo entiendo; pues no hago lo que quiero, sino lo que aborrezco, eso hago. Y si lo que no quiero, esto hago, apruebo que la ley es buena" (7:14-16).*

¿Cuántas veces hemos hecho algo que no queremos hacer? Yo no quiero gritarle a mi esposa, a ese "regalito del cielo", pero si salgo del espíritu voy a encontrarme gritándole. A todos nos ha sucedido, ¿verdad? Y si no se trata de la relación con su cónyuge, quizá sea algún hábito que quiera romper, una forma de pensar que le perjudica, algo que usted ha tomado la decisión de jamás volver a hacer, y pareciera que lo primero que hace es precisamente eso. Es alentador para mí saber que no soy el único que haya luchado con esto.

"De manera que ya no soy yo quien hace aquello, sino el pecado que mora en mí. Y yo sé que en mí, esto es, en mi carne, no mora el bien; porque el querer el bien está en mí, pero no el hacerlo" (7:17-18).

Se dice que para recibir ayuda, primero hay que reconocer su necesidad de ella. Pablo claramente nos recuerda que podemos estar llenos de buenas intenciones, pero en nosotros jamás vivirá lo bueno. Por esta causa Cristo no dice: "Ven a mí y voy a levantarte y voy a ajustar tu vida y te voy a hacer mucho mejor". ¡No! Cristo dice: "Crucificado, juntamente conmigo".

La Biblia habla de cómo son las cosas. Dice que no hay bueno ni siquiera uno. Así que Dios tuvo que tratar con nosotros conforme a la ley para satisfacer las demandas de la ley. Por esta causa Cristo tuvo que morir. Él es nuestra propiciación, para que Dios pueda reconciliarnos con Él. También necesitamos su justificación, para quedar como si nunca hubiéramos pecado. Siendo que tenemos una naturaleza pecaminosa que siempre nos seguiría llevando al pecado, Dios nos crucificó juntamente con Cristo y no es por la culpa de nuestros pecados, ya que por eso murió Cristo, pero para que ya no siguiéramos pecando. Es por eso que en Romanos 6:6 dice: *"Sabiendo esto, que nuestro viejo hombre fue crucificado juntamente con él, para que el cuerpo del pecado sea destruido, a fin de que no sirvamos más al pecado".*

Cristo murió por nosotros y quitó nuestra culpa, pero también Dios nos crucificó juntamente con Él, no por nuestra culpa sino para quitar el poder del pecado de nuestra vida. Estamos crucificados. Si usted siente que hay algo en su vida que es tan fuerte que le quiere hacer pecar, entonces tengo que decirle que usted anda por sentimientos. En nuestro cuerpo, el diablo va a causar que sintamos miles de cosas, nos va a causar sentir que "Este señor está enojado conmigo" o "Aquella señora piensa ciertas cosas de ti". La meta del diablo es lograr que vivamos conforme a nuestros sentimientos y no según la verdad establecida por Dios y su Palabra y hará todo en su poder para lograr su meta; engaños, mentiras, falta de perdón.

Antes yo pensaba que tenía un don poderoso. No sé si ya le he hablado de este don poderoso que yo tenía. Este don consistía en que yo podía ver a una persona pasar por un cuarto y yo ya sabía cómo era la persona. Por ejemplo, había un mesero en uno de los mejores restaurantes aquí en Durango (esta experiencia pasó hace unos 35 años), y este mesero estaba haciendo su trabajo cuando mi don comenzó a funcionar y decía entre mí: "Este mesero piensa que nos está haciendo un favor al atendernos. Tiene una pésima actitud." Funcionaba mi "don" de esta manera en muchas ocasiones.

Pero entonces Dios comenzó a tratar con "mi don". Ustedes saben que Dios nos ama demasiado para permitir que vivamos con estas malas actitudes y hábitos. Con esto, yo tenía la costumbre de llevar a comer a mis hijos el día de su cumpleaños y para el cumpleaños de mi hijo Felipe lo llevé al restaurante donde trabajaba este mesero. Ese día llegamos a una hora un poco inadecuada ya que llegamos tarde para la

comida y temprano para la cena. No había nadie que pudiera
servirnos, y este mesero, el que yo ya había juzgado mediante
mi "don", llegó para atendernos. Dios ya estaba tratando conmigo en cuanto a este "don". Mientras esperábamos la hora de
la cena, comencé a platicar con este mesero, y en un rato él estaba sentado junto con nosotros, platicando. Desde ese día for-
mamos una amistad que ha seguido hasta el día de hoy. Ahora
él trabaja en otro restaurante, y cada vez que voy a comer ahí,
todos los meseros saben que sólo él puede atenderme. Él es el
que siempre nos atiende incluso él ha mandado a otros meseros a platicar con nosotros cuando tienen alguna necesidad.
Dios logró enseñarme que este "don" era en realidad un engaño del diablo y me estaba perdiendo de las oportunidades
para ministrar el amor y perdón de Dios a los que me rodean.

Después de esto, una vez fui a una conferencia y se levantó un pastor para hablar, y el "don" comenzó a funcionar
otra vez. Yo estaba pensando: "Este pastor está lleno de orgullo, y…" Pero, tuve que callarme y reconocer que él era
mi hermano y yo había sido llamado a amarlo. Al día siguiente, nos prepararon a todos una comida y yo busqué un
lugar al lado de este pastor y de ahí en adelante comenzó una
amistad con él. Con el paso de los años, él vino a visitarnos
y ministró aquí en Durango. Un día, estábamos sentados co-
miendo y nunca voy a olvidar lo que él me dijo: "Francisco, tú
eres uno de mis mejores amigos". ¡Dios mío! Y recordé que
por poco lo rechacé como persona por medio de este "don"
que era del diablo. Nos enseña la Palabra que no debemos ig-
norar las "maquinaciones" del enemigo y una de las que más
frecuentemente utiliza con muy buen resultado es la de pro-
vocar división entre los hermanos (para que Satanás no gane

ventaja alguna sobre nosotros; pues no ignoramos sus maquinaciones... [2 Corintios 2:11]).

Cuando conozcamos a alguien tenemos que tenerle amor y
no debemos juzgarle, porque no sabemos lo que puede pasar
en el futuro. Tal vez está de mal humor o está pasando por
una prueba que parece insoportable. Mejor vamos a amarle,
abrazarle y a andar en amor con todos. Sí, necesitamos dones
en nuestra vida, pero que sean dones saturados de amor. Primera de Corintios 14:1 dice: *"Seguid el amor; y procurad los
dones espirituales"*. Si un don espiritual no está mezclado con
el amor, entonces no tendrá ningún valor. Así que es bueno
desear ser usado para profetizar, enseñar, hablar en lenguas,
pero lo más importante es que caminemos en amor al ejer-
cerlos. De no ser así, ¿de qué provecho serán todos los dones
del mundo?

Regresemos ahora al tema de la lucha en nosotros por hacer
el bien:

> *"Porque no hago el bien que quiero, sino el mal que
> no quiero, eso hago. Y si hago lo que no quiero,
> ya no lo hago yo, sino el pecado que mora en mí"*
> *(7:19-20).*

¿Dónde estaba Pablo cuando escribió esto? Creo que estaba
dando un ejemplo de lo que sería vivir todavía bajo la ley. No
estaba crucificado. Estaba siendo llevado por el pecado. Hay
dos lugares donde podemos estar: bajo la ley o bajo la gracia.
Si está bajo la ley, tiene condenación. En Cristo Jesús y en la
gracia, ninguna condenación hay.

CAPÍTULO OCHO
DE ROMANOS

S I ESTÁ TODAVÍA bajo la ley del pecado esa ley va a dominar su vida. Ahora el apóstol nos describe cómo puede vivir uno bajo la gracia:

"Ahora, pues, ninguna condenación hay para los que están en Cristo Jesús…" (8:1).

Si usted quiere andar bien no podrá porque eso es vivir bajo la ley. Lo podemos ver en la vida de Pablo, luchando bajo la ley con su propia fuerza, tratando de tener su propia justicia. Pero no pudo.

Otra cosa que nos indica que estamos viviendo bajo la ley, es la manera en la cual juzgamos a nuestros hermanos no amándolos. Por ejemplo, si decimos: "Yo ando bien, yo estoy haciendo todo bien, pero mi hermano no, él anda mal". Esto es juzgar a su hermano y la manera de no juzgarlo es no vivir bajo la ley. Usted puede decir que anda mal, pero ¿quién le dijo? Responderá: "La santa ley de Dios dice que él anda mal". Ah, entonces usted está bajo la ley por juzgar a su hermano. Pero la misma ley va a caer sobre usted con el juicio de Dios porque bajo la ley hay condenación. Si tiene condenación está bajo la ley.

En Cristo hay perdón por la limpieza de la sangre de Cristo y aunque no lo merecemos, si hemos pecado, la sangre nos limpia de todo pecado. Si estamos bajo la ley el pecado nos va a dominar, porque no tenemos el apoyo de Dios. Lo que la ley

hace es decirnos: "Haz esto, esto, esto y esto y te voy a bendecir". De la misma manera, nosotros esperaremos que nuestros hermanos cumplan la ley y si no, los juzgaremos en lugar
de amarlos.

Somos su creación, pero tristemente, muchas veces estamos buscando nuestras propias ambiciones, nuestros pro-
pios deseos y oramos siempre: "Señor bendice mis planes y
mis decisiones". Pero deberíamos estar orando guiados por
amor y no por egoísmo. El propósito de la oración no es simplemente que Dios bendiga nuestros planes sino que pedir que
nos muestre los planes y propósitos que Él tiene para nuestra
vida. Y le aseguro que estos planes son mil veces mejor de lo
que podemos imaginar.

Cuando amamos a Dios toda nuestra perspectiva de la vida
y nuestro propósito por estar en esta tierra cambiará. Como
dice Pablo:

> *"Y sabemos que a los que aman a Dios, todas las
> cosas les ayudan a bien, esto es, a los que con-
> forme a su propósito son llamados" (8:28).*

Ya sabemos que amar a Dios es lo mismo que amar a
nuestro hermano. Primera de Juan nos enseña claramente
este principio: Si amamos a Dios y a nuestros hermanos, tendremos la plena confianza de que todas las cosas nos ayudarán
a bien. O sea, producirán algo bueno en nuestra vida. Hace
poco tiempo yo estaba preparando un sermón y el tema era
"Los que conforme a su propósito son llamados". Cuando iba a
preparar el sermón hablando del llamamiento que Dios tiene
preparado para nosotros y del propósito por el cual nos llamó,
yo estaba escudriñando la Biblia y el Señor me despertó. Hay

muchas cosas que yo no conozco. Es una lista muy larga, más larga que la lista de cosas que sí conozco. En fin, lo que quiero decir es que al estar preparando el sermón, el Señor me llevó a este verso, entre otros:

"Porque a los que antes conoció, también los predestinó para que fuesen hechos conformes a la imagen de su Hijo, para que él sea el primogénito entre muchos hermanos" (8:29).

Yo creo que principalmente, lo que Dios quiere hacer en nuestra vida, es conformarnos a la imagen de Cristo. Dios quiere una familia con la cual Él pueda tener comunión. Pero si andamos en lo carnal y no permitimos que Dios trabaje en nuestra vida, todos sus propósitos fallan porque sus propósitos son conformarnos a la imagen de Jesucristo.

Según el plan de Dios debemos ser conformados a la imagen de Cristo y Él va creciendo en nuestra vida y si Cristo va creciendo en nuestra vida cada día, vamos a fluir en áreas donde Dios va a usarnos en una manera increíble. Pero, mientras andamos en nuestras propias ambiciones y deseos, dejando a Dios a un lado, no podrá llevarnos a los propósitos que tiene para nosotros. ¿Sabe por qué hemos hablado de esto tantas veces? Porque es lo que pasó en la vida del apóstol Pablo y es increíble el éxito que tuvo Pablo en su vida.

Pablo estaba a bordo de un barco y por medio de él fueron salvos todos los que estaban a bordo. Siendo prisionero, todos recibían órdenes de él. El centurión encargado del barco, le salvó la vida. Después todos, incluyendo a Pablo, fueron naufragados en la isla de Malta. Recogiendo leña para el fuego, se le prendió una serpiente venenosa en la mano y sin duda satanás pensaba: "Ahora sí, voy a acabar con Pablo", pero las cosas no terminaron ahí. Pablo solamente sacudió a la serpiente de su mano y no le pasó más nada. Dios quiso mostrar su poder ante lo habitantes de la isla y de esta manera organizar todo para darle a Pablo todo lo que necesitaba para salir de la isla.

Vemos cómo los propósitos de Dios se cumplieron en él aun en las más terribles circunstancias. Lo trataron con favor y gracia y cuando volvieron a zarpar, les dieron todo lo que necesitaban para terminar su viaje. Lo que comenzó como una circunstancia muy tempestuosa, terminó llevando el evangelio a una isla entera y fueron instrumentos en las manos de Dios. Todo terminó obrando para bien. (Esta historia la puede leer en Hechos 27-28).

Dios también quiere levantar a Cristo en nuestra vida y cuando se levanten las necesidades de la vida sabremos que todo va a estar bien porque Él está con nosotros. Vamos a estar haciendo las mismas cosas que Él hacía mientras estaba en la tierra. Muchas veces las ambiciones, nuestros deseos, nuestra carne impide que Cristo pueda reinar en nuestra vida, pero cuando permitimos que Dios nos moldee a su imagen, Él crecerá y nosotros menguaremos.

Una vez escuché una enseñanza que comparaba al hombre interior con dos perros: un perro blanco y otro perro negro. Estos dos perros están peleando en nuestro hombre interior y el perro que gana será el perro que está mejor alimentado. Si comparamos lo carnal con el perro negro y lo espiritual con el perro blanco, nos damos cuenta que si estamos alimentando más lo carnal, el perro negro va a acabar con el perro blanco. Es decir que lo carnal va a terminar con lo espiritual. Por supuesto que no estoy enseñando esto como una doctrina, sólo para una aplicación. Creo que la lección importante de esto es que debemos alimentar lo espiritual porque está luchando contra lo carnal en nuestra vida y el lado espiritual debe ser más fuerte que el carnal.

Estoy convencido entonces de que todo nos ayuda para que el propósito de Dios se siga cumpliendo y desarrollando en nuestra vida. Muchas veces pensamos que todas las cosas están saliendo bien cuando tenemos un carro nuevo, una casa nueva y muchas otras cosas, pero esto no es lo que Dios está diciendo. Él no nos quiere dar "cosas" sino que quiere conformarnos a la imagen de Cristo. A veces Dios permite tribulación en nuestra vida con el fin de que esta imagen siga siendo forjada en nosotros.

Hay veces cuando Él manda fuego caliente para que salgan todas las cosas impuras a la superficie y nos pueda purificar. Así como el oro y la plata cuando los están purificando, son calentados, se hacen líquidos y todas las impurezas que hay en el oro o la plata salen a la superficie para ser quitadas. En nuestra vida Dios utiliza un proceso similar para poder purificarnos de las impurezas espirituales. Pero, si somos honestos nosotros queremos que todo salga bien sin tener que pasar por las pruebas. Pero con todo lo que nos pase aunque sintamos que las cosas no salen bien, quiero decirle que es verdad que "todo nos ayuda a bien", porque es para conformarnos a la imagen de Cristo. Todo el éxito, todo el gozo, la mejor seguridad la tenemos en Cristo. Todo va a salir bien porque es para conformarnos a Cristo. Por eso Dios causa que muera lo carnal en nuestra vida para que solamente brote Cristo en nosotros, porque Cristo en nosotros es la esperanza de la gloria. La única manera en que vamos a ver la gloria en nuestra vida es por medio de tener a Cristo creciendo y madurando en nosotros.

Les quiero compartir una historia que me relató un amigo que ilustra perfectamente este principio de la imagen siendo formado en nosotros. Una vez un grupo de personas estaban estudiando en Malaquías 3:2b-3 donde habla de la purificación de la plata y el oro. Dice: "Porque él es como fuego purificador, y como jabón de lavadores. Y se sentará para afinar y limpiar la plata; porque limpiará a los hijos de Leví, los afinará como a oro y como a plata, y traerán a Jehová ofrenda en justicia".

Ellos querían saber más sobre lo que está hablando el pasaje y lo que nos revela del carácter y la naturaleza de Dios.

Con este fin, una persona en el grupo se ofreció para investigar el proceso de la refinación de la plata, y traer un reporte a la siguiente reunión del grupo.

Esa misma semana, hizo contacto con un platero que trabajaba cerca de donde vivía, e hizo una cita para observarle mientras trabajaba con la plata.

El estudiante no le mencionó al platero que era para un grupo que estaba estudiando la Biblia, solamente le dijo que quería observarle mientras trabajaba.

Lo primero que hizo fue tomar su plata y calentarla en el fuego. Le explicó al estudiante que para refinar la plata era necesario mantener la plata exactamente en el centro del fuego donde las llamas son más calientes para poder quitar o quemar las impurezas de la plata.

La persona observando inmediatamente relacionó el ejercicio de mantener la plata en el fuego con la manera que a veces Dios nos mantiene en un lugar "de mucho calor en el fuego". Después se acordó del verso que decía: "…Se sentará para afinar y limpiar la plata." Con este pensamiento la persona preguntó al platero si era cierto que es necesario que él, como el platero, tenga que quedarse en su lugar en frente del fuego todo el tiempo que se está purificando la plata. El platero contestó que sí era necesario. También dijo que no solamente es necesario quedarse allí, manteniendo la plata en el fuego, sino que también es necesario que mantenga constantemente sus ojos sobre la plata el tiempo que está en el fuego. Si la plata se queda demasiado tiempo en el fuego, sería destruida.

El estudiante se quedó en silencio por un momento, y luego le hizo otra pregunta al platero: "¿Cómo sabe usted cuando la plata está lista, cuando ya está completamente refinada?" El platero sonrió y contestó: "Oh, eso es muy fácil. Yo sé que está completamente refinada cuando puedo ver mi imagen en ella."

Si usted está sintiendo el calor del fuego, recuerde que Dios tiene sus ojos en usted y que seguirá mirándole hasta que Él pueda ver su imagen en usted. Así que no se desanime, y permita que Él termine su obra en usted.

Somos predestinados a ser hechos conforme a la imagen de Su Hijo y que Él sea primogénito entre muchos hermanos. Cristo no quiere estar solo en el cielo. Él quiere que todos estemos allá, pero no quiere que estemos sucios ni que seamos malos, sino que Dios quiere que seamos a la imagen de Cristo. ¿Qué es la imagen de Cristo? El amor. No se trata de cambiar nuestra apariencia física sino cambiar nuestra persona interior. Lo que tiene que ser cambiado es el hombre o mujer interior. Una persona que anda en el amor de Dios es muy hermosa.

Cuando Dios hace algo, lo hace bien y siempre termina lo comienza:

> *"Y a los que predestinó, a éstos también llamó; y a los que llamó, a éstos también justificó; y a los que justificó, a éstos también glorificó"* (8:30).

Entonces a los que predestinó para ser conformados a la imagen de Jesucristo, también los llamó, y a los que llamó los justificó. El hecho de que Dios nos justifica quiere decir que Él ahora prueba nuestra inocencia, sabiendo que somos culpables. Y esta justificación permite que ahora Dios tenga comunión con nosotros y entre en nuestra historia. Ahora somos como si nunca hubiéramos pecado y Dios tiene la libertad para entrar en nuestra vida para y de esta manera, lo carnal morirá y lo espiritual nacerá de nuevo. Cristo crecerá en nosotros. Y algún día promete glorificar estos cuerpos mortales y llevarnos a vivir con Él por la eternidad.

Pero hay ocasiones cuando decimos: "Cristo, déjame en paz. Yo quiero servir lo carnal en mí, mis deseos carnales, mis propias ambiciones". ¿Qué pasa si le decimos eso a Cristo? Él es un caballero y jamás se quedará en un lugar donde no es bienvenido así que se alejará de usted.

Necesitamos entender que el único quien puede llamar, salvar, justificar y glorificarnos es el Señor, y eso es solamente si permitimos que Él tenga el control de nuestra vida. Si hacemos eso no habrá límite en lo que puede pasar. Podemos pedir lo que sea y será hecho porque estamos hechos a la imagen de Cristo, y Cristo es amor. Si usted quiere saber si Cristo está en su vida solamente fíjese si está amando a sus hermanos, porque Cristo ama a todos.

Si le ha cedido el control de su vida a Dios y su obra ha comenzado en usted, entonces nada ni nadie podrá detenerle de cumplir con sus propósitos.

"¿Qué, pues, diremos a esto? Si Dios es por nosotros, ¿quién contra nosotros?" (8:31).

Él está trabajando en nuestra vida. Él está conformándonos a la imagen de Cristo y no va a permitir que nada ni nadie detenga la obra que está haciendo en nuestra vida. La única cosa que puede detener la obra que Cristo hace en nosotros es nuestra propia voluntad.

Regresando al tema de por qué Pablo tenía tanto éxito, quiero decirle que en el momento de saber que Cristo era el Señor, Pablo dijo: "Señor, ¿qué quieres que yo haga?". Yo no quiero olvidar esto, y tampoco quiero que usted lo olvide. Cada día debemos abrir nuestros ojos y decir: "Señor, ¿qué quieres que yo haga?" y Dios va a formar en nosotros a Cristo de una manera tan fuerte que podremos decir "Con Dios nada es imposible". Porque al que cree todo le es posible.

> *"El que no escatimó ni a su propio Hijo, sino que lo entregó por todos nosotros, ¿cómo no nos dará también con él todas las cosas?" (8:32).*

No dice que nos va a dar "tantitas" cosas, sino "todas" las cosas. Hermanos, si logramos entender realmente lo que Pablo nos revela del carácter de Dios aquí, jamás estaremos preocupados por ningún aspecto de nuestra vida física o espiritual. Si alguien se ha mostrado generoso con usted, hasta para darle la vida de su hijo para que usted salga de deuda, ¿no cree que le dará cualquier otra cosa que necesitara? ¡Claro que sí! Confíe en su carácter, no se angustie por ninguna de sus necesidades. Si Él dio a su Hijo, estoy completamente seguro (y lo he visto en mi vida innumerable cantidad de veces) que Él suplirá todas y cada una de sus necesidades.

Si las personas están viendo que tenemos un Dios que suple todo lo que nos hace falta, no querrán meterse tan fácilmente con Dios para acusarnos de algo, ¿verdad? No quiere meterse con los hijos de Dios.

> *"¿Quién acusará a los escogidos de Dios? Dios es el que justifica. ¿Quién es el que condenará? Cristo es el que murió; más aun, el que también resucitó, el que además está a la diestra de Dios, el que también intercede por nosotros"* (8:33-34).

Dios es el que justifica, es el que nos dice: "justo eres". Ahora pues, ¿quién se atreve a decir lo contrario, que no somos justos? ¿Quién puede negar lo que Dios dice? Nadie.

Si usted tiene condenación en su vida, quiero decirle que esto no viene de Cristo. Él murió por nosotros, por nuestros pecados, todos nuestros pecados, y ahora está sentado a la diestra de Dios. Él intercede por nosotros. ¿Cómo está intercediendo por nosotros? Yo creo que cuando Él llegó al cielo, entró al lugar Santísimo, donde hay un altar y ahí puso su sangre. Esta sangre permanece ahí las veinticuatro horas del día clamando por nuestra justificación. ¡Esto es poderoso! Esta es la Palabra de Dios. Es su sangre la que está haciendo intercesión continuamente. La sangre limpia nuestros pecados. Si pecamos podemos confesar nuestros pecados y Él es fiel y justo para perdonarnos de toda maldad y cuando venga Satanás a recordarnos nuestro pecado o para arrastrarnos de nuevo a la suciedad, podemos decirle: "Vete, porque la sangre de Cristo me limpia".

De nuevo, veo que la clave de todo es el amor. Cristo intercede por nosotros por amor y

> *"¿Quién nos separará del amor de Cristo? ¿Tribulación, o angustia, o persecución, o hambre, o desnudez, o peligro, o espada?"* (8:35).

Este verso nos está diciendo que vamos a tener tribulación, que vamos a tener angustia, y ¿por qué vamos a pasar por todas

estas cosas? Para que sepamos que todas estas cosas no pueden
separarnos del amor de Cristo. Aunque pasemos por pruebas
o tribulaciones y no sabemos qué hacer en situaciones difíciles
podemos recurrir a la Palabra de Dios y sentirnos seguros en la
verdad de su amor y de su obra en nuestra vida.

> *"Como está escrito: Por causa de ti somos muertos
> todo el tiempo; Somos contados como ovejas de
> matadero. Antes, en todas estas cosas somos más
> que vencedores por medio de aquel que nos amó"*
> *(8:36-37).*

Este verso 37 lo citamos muy seguido, pero no nos gusta
mucho lo que dice el verso anterior, ¿verdad? Muchos dirán:
"Muéstrame que soy más que vencedor. Eso sí me gusta".
Cierto, Dios quiere que sepamos lo que significa "ser más que
vencedor", pero se nos olvida que para conocer plenamente
esta verdad, tendremos que pasar por las batallas, las luchas,
las tribulaciones.

Les comparto algo que me gustaba hacer cuando mis hijos
eran pequeños que creo que puede ilustrar este punto. Se tra-
taba de que si estaba sentado, mis hijos trataban de impedir
que me levantara. Felipe por un lado, Jerry por el otro, y
Marcos por los pies.

"Me voy a levantar."

"No, papá, no lo vamos a dejar."

"¿Me detienen?"

"Sí, lo vamos a detener."

"Ah bueno."

¡Y zaz! Hacía un gran esfuerzo y me levantaba y entonces
era más que vencedor. Pero piense, ¿cómo podremos ser más

que vencedores si no pasamos por una prueba? ¿Qué es lo que usted está venciendo? ¿Usted tiene batallas? ¿Tiene tribulación? ¿Tiene angustias? Necesitamos pasar por estas cosas para que nos demos cuenta de que nada de esto puede separarnos del amor de Cristo. Así que, sin prueba y tribulación jamás comprobará que realmente es más que vencedor en Cristo Jesús. *"Antes en todas estas cosas"*, en todas estas cosas. No dice que Dios va a *protegernos* en todas estas cosas porque somos más que vencedores. ¡No! Sino que dice "en todas estas cosas somos más que vencedores". Si no estamos en tribulaciones, angustias o "en todas estas cosas", no vamos a saber si somos más que vencedores.

Cuando estamos viviendo esta verdad, estaremos muy seguros de nuestra salvación y de nuestra posición en el corazón y los planes de Dios.

> *"Por lo cual estoy seguro de que ni la muerte, ni la vida, ni ángeles, ni principados, ni potestades, ni lo presente, ni lo por venir, ni lo alto, ni lo profundo, ni ninguna otra cosa creada nos podrá separar del amor de Dios, que es en Cristo Jesús Señor nuestro"* (8:38-39).

¿Por qué puede decir Pablo "ni la muerte"? Porque él fue apedreado y Dios lo levantó de entre los muertos. Así que él había comprobado ya que nada podrá separarnos del amor de Cristo. De igual manera, usted comprobará el gran amor de Dios por usted cuando venga la tempestad, y sale al otro lado. Podrá decir con la misma certeza y seguridad que Pablo lo hizo, que usted sabe que todo estará bien porque se encuentra en el centro del amor de Cristo.

ROMANOS: PUNTOS PARA PROFUNDIZAR

INTRODUCCIÓN

1. ¿Quién fue el autor del libro de Romanos? ¿Cómo podemos saber eso?
2. ¿Cuándo fue escrito el libro de Romanos?
3. ¿Cuál es la gran pregunta de los siglos que encontramos en Romanos?
4. ¿Cuál es el primer pensamiento principal que se encuentra en el libro de Romanos?
5. ¿Qué significa la palabra "apartado" como se utiliza en Romanos 1:1?
6. Escriba el significado de las siguientes palabras como se utilizan en el libro y también un ejemplo para cada una de ellas.

   a. Propiciación
   b. Justificación
   c. Santificación
   d. Redención
   e. Condenación

7. Explique la diferencia entre un esclavo y un hijo en cuanto a nuestra relación con Dios.

CAPÍTULOS 1 Y 2 DE ROMANOS

1. ¿Dónde encontramos el evangelio encapsulado en un solo verso?
2. El libro de Romanos nos está diciendo que el hacer "_____ _____" no sirve para ser salvo. En realidad debemos _____, para que Cristo pueda _____ ____ _____. Él es el único que es _____. Él es el único que tiene la

_____ y si no permitimos que _____ siembre su _____ en nosotros podemos vivir _____ por un sinfín de años, pero nunca seremos _____.

3. ¿Por qué permitió Dios que la naturaleza carnal fuera sembrada en nuestra vida?

4. Dios nos ha dado la _____ de escoger si vamos a seguirle o no, y el que nosotros le sirvamos porque _____ hacerlo no porque _____ que hacerlo.

5. Ponga una paloma al lado de la persona que está perdido y que necesita un Salvador.

___ Homicida	___ Adúltero	___ Drogadicto
___ Alcohólico	___ Ladrón	___ Abusador de niños
___ Profanador	___ Engañador	___ Mentiroso
___ Idolatra	___ Hechicero	___ Fornicario
___ Lujurioso	___ Hipócrita	___ Maestro
___ Esposo	___ Hijos	___ Trabajador
___ Perezoso	___ Una persona buena	

6. Escriba el verso que comprueba la verdad de esta frase: "Porque todos han pecado y están destituidos de la gloria de Dios".

7. ¿Podemos nosotros en nuestra propia fuerza mostrar la esperanza de gloria?

8. ¿Cuál es la única manera que podemos mostrar la esperanza de gloria?

9. Anote dos lugares en dónde podemos ver la prueba de la existencia de nuestro Dios.

10. Explique una parte de la creación del universo que demuestra el poder de Dios.

11. Explique un sistema del cuerpo humano que muestra la soberanía de nuestro Dios.

12. Siendo que la humanidad no quiso aceptar a un Dios creador, ¿cuál fue el resultado? (Romanos 1:26-32). Aliste los pecados aquí nombrados como consecuencia de no aceptar a Dios como Señor y Creador.

13. ¿Cuál es el fruto de nuestra salvación por fe?

14. Explique Romanos 2:26-29 sobre el circunciso y el incircunciso.

Capítulo 3 de Romanos

1. ¿A quién puso Dios como nuestra propiciación?

2. ¿Qué significa la palabra "propiciación"?

3. ¿Qué significa la palabra "redimir"?

4. ¿Cuántos de nuestros pecados fueron llevados en el cuerpo de Cristo?

5. Explique Romanos 3:27-28.

6. ¿Cuál es el único pecador que no es perdonado?

7. ¿Qué significa la palabra "justificado"?

8. La ley dice que merecemos _____ y la justificación en Cristo Jesús dice que merecemos la _____, PERO, Cristo tomó nuestro lugar en la _____. Dios no cambió el _____ lo que hizo fue pagar _____ mismo el precio.

Capítulo 4 de Romanos

1. La ley de Dios no fue mandada para hacernos _____, sino para mostrarnos que no somos _____.

2. ¿Que hizo el rey David para recibir perdón cuando adulteró con Betsabé?

3. En Romanos 4:9-12, Pablo está mostrándonos que ninguna cosa, ningún acto _____, ningún mandamiento que tratamos guardar nos va a traer ____ a ____ ____.

4. La única cosa que nos trae el nuevo nacimiento es la _____ que tenemos en el sacrificio de _____.

Capítulo 5 de Romanos (Parte 1)

1. Explique Romanos 5:1.
2. ¿Cuál es otro efecto producido por medio de la fe?
3. La película "La pasión de Cristo" nos ilustra que Cristo llevó nuestra _____, tomó nuestro _____ tomó nuestro _____ y por eso ahora somos _____ y tenemos _____ con Él.
4. Aliste tres razones por las cuales Dios nos salvó.
5. Ya no somos pecadores destituidos de su _____, ahora somos _____ de la casa con todos los derechos.
6. Aliste cinco razones por las cuales no hay hijos de Dios que sean pobres.
7. Según Romanos 5:3, la tribulación produce _____.

Capítulo 5 de Romanos (Parte 2)

1. ¿Dónde se producen la gran mayoría de nuestros problemas?
2. En Romanos 5:17, dice que por la transgresión de _____ reinó la muerte. ¿Quién fue el "uno" por quien entró el pecado a la humanidad?
3. Explique por qué entró por Adán y no por Eva.
4. Cristo vino y murió por nosotros _____ con Dios y no solamente quitó el _____, sino que también nos adoptó como sus _____, sembrando en nosotros su _____.
5. Romanos 5:18 "Así que, como por la transgresión de uno vino la condenación a todos los hombres, de la mismo manera por la _____ de _____ vino a todos los hombres la _____ de vida".
6. Pablo enseña un mensaje muy claro y _____: como el hombre _____ completamente en _____ la ley, ahora toda la

responsabilidad la ha tomado _____. Él va a limpiar nuestros
_____. Él va a sembrar su _____ en nuestro corazón y tam-
bién va _____ sus _____ en nuestro corazón y los va a poner
en nuestra _____. Dios lo hace todo.

CAPÍTULO 6 DE ROMANOS

1. Explique cómo Romanos 6:1-3 nos enseña que podemos vivir
   una vida "muerta" al pecado.

2. Si nos consideramos verdaderamente _____ en la _____
   justamente con _____ no andaremos más en el _____,
   porque los _____ no pecan.

3. Explique Romanos 6:6.

4. ¿Qué es el pecado? El pecado es la _____ a Dios.

5. ¿Cómo podemos ser obedientes a Romanos 6:12?

6. Si una persona anda en su propia justicia, luchando por ser
   santo o andar bien con Cristo, ¿está bajo la gracia o bajo la ley?

7. ¿Debemos ponernos en el camino del pecado con la idea de
   que "Dios me va a proteger"?

8. Si queremos pecar, ¿podemos pecar? _____ Pero, si nos sujetamos al pecado somos _____ del pecado.

9. Escriba 1 Juan 3:8. _____
   _____
   _____

10. La confesión es un instrumento fuerte en la vida del cris-
    tiano, pero debemos confesar lo que dice la _____ y no las
    cosas que _____ no están en la Biblia.

CAPÍTULO 7 DE ROMANOS

1. Explique lo que el apóstol Pablo estaba diciendo en Romanos
   7:6 sobre "el régimen nuevo" y el "régimen viejo".

2. En Romanos 7:15-25, Pablo escribe de la guerra que hay en el hombre interior entre lo malo y lo bueno. Favor de escribir un resumen de 50-100 palabras explicando el dilema en la que Pablo se encontraba.

Capítulo 8 de Romanos

1. Basándose en Romanos 8:1-11, conteste las siguientes preguntas:

   a. Si uno está en Cristo, ¿cuánta condenación hay?

   b. Los que están en Cristo, no andan conforma a la _____ sino conforma al _____.

   c. ¿Cuál ley nos ha librado de la ley del pecado y de la muerte?

   d. ¿Qué hizo Dios para condenar al pecado en la carne?

   e. ¿Dónde se cumplirá la justicia de la ley, si es que no andamos conforme a la carne, sino conforme al Espíritu?

   f. Las personas que son del Espíritu, en las cosas del _____ piensan.

   g. Ocuparse de la carne es _____. Ocuparse del _____ es vida y _____.

   h. Los designios de la carne son _____ contra Dios.

   i. Los que viven según la _____ no pueden agradar a _____.

   j. Si el Espíritu de Dios mora en nosotros, viviremos según el _____.

   k. Y si el _____ de Aquel que levantó de los muertos a _____ mora en _____ el que levantó a Cristo Jesús _____ También vuestros _____ _____ por su Espíritu que mora en vosotros.

2. En 50-100 palabras, explique Romanos 8:18.

3. En 50-100 palabras, explique Romanos 8:28.

4. Romanos 8:38-39. Ponga paloma junto a las fuerzas que nos
   pueden separar del amor de Dios.

   ____ muerte   ____ tribulaciones   ____ vida
   ____ angustia   ____ ángeles   ____ persecución
   ____ principados   ____ hambre   ____ potestades
   ____ desnudez   ____ lo alto   ____ peligro
   ____ lo profundo   ____ nosotros mismos

REFERENCIAS

1. *Biblia de Referencia Thompson,* con versículos en cadena temática. Compilado y redactado por Frank Charles Thompson, D. D., Ph.D. Miami: Editorial Vida, 1988.

2. *Biblia Plenitud* (Versión Reina Valera, 1960). Ed., Jack W. Hayford. Miami: Editorial Caribe, 1994.

3. *Santa Biblia de Estudio Arqueológica* (NVI). Producción del Gordon-Conwell Theological Seminary, Ed. General, Dr. Duane Garrett. Miami: Editorial Vida, 2009.

4. Kittel, Gerhard and Gerhard Friedrich. *Theological Dictionary of the New Testament (Diccionario Teológico del Nuevo Testamento).* Traducido del alemán por Geoffrey W. Bromily. Grand Rapids, Michigan: Wm. B. Eerdmans Publishing, 1985.

5. Deen, Edith. *All of the Women of the Bible (Todas las mujeres de la Biblia).* San Francisco: Harper and Row Publishers, 1955.

6. Barker, William P. *Everyone in the Bible (Todas las personas de la Biblia).* Westwood, New Jersey: Fleming H. Revell, 1966.

7. Thomas, Griffith, D.D. *St. Paul's Epistle to the Romans (La epístola de San Pablo a los romanos).* Grand Rapids, MI: Wm. B. Eerdsmans, 1956.

8. Warren, D. F., Jr. *Romanos.* Grabaciones en audio de clase dada en el Instituto Bíblico Bethel, Durango, México, 2005-2006. (Casete)

9. *Grand Diccionario de la Lengua Española,* Programa Educativo Visual. Colombia, Sudamérica: Carvajal, 1995.

LIBROS DE LA SERIE BASES BÍBLICAS

de FRANK y NOLA WARREN